懐かしい沿線写真で訪ねる

京成電鉄
街と駅の1世紀

生田 誠 著

荒川橋梁を渡る3200形　堀切菖蒲園〜京成関屋　昭和48年　撮影：矢崎康雄

アルファベータブックス

CONTENTS

京成上野 …………………… 6	京成大久保・実籾 …………… 42	新千葉・京成千葉 …………… 78
日暮里・新三河島 …………… 8	八千代台 ……………………… 44	千葉中央 ……………………… 80
町屋・千住大橋 ……………… 10	京成大和田 …………………… 46	千葉寺・大森台・学園前・
京成関屋・堀切菖蒲園 ……… 12	勝田台 ………………………… 48	おゆみ野・ちはら台 ………… 82
お花茶屋 ……………………… 14	志津・ユーカリが丘 ………… 50	東松戸・新鎌ヶ谷・
青砥 …………………………… 16	京成臼井 ……………………… 52	千葉ニュータウン中央 ……… 84
京成高砂 ……………………… 18	京成佐倉 ……………………… 54	印旛日本医大・成田湯川 …… 86
京成小岩・江戸川 …………… 20	大佐倉・京成酒々井 ………… 56	
国府台・市川真間 …………… 22	宗吾参道・公津の杜 ………… 58	【コラム】
菅野 …………………………… 24	京成成田 ……………………… 60	向島を走った白鬚線 ………… 15
京成八幡 ……………………… 26	空港第2ビル・成田空港・東成田 … 62	京成の廃止駅① ……………… 25
鬼越・京成中山 ……………… 28	押上 …………………………… 64	京成の廃止駅② ……………… 33
東中山・京成西船 …………… 30	京成曳舟・八広 ……………… 66	谷津遊園と谷津支線 ………… 39
海神 …………………………… 32	四ツ木・京成立石 …………… 68	新京成電鉄 …………………… 47
京成船橋 ……………………… 34	柴又 …………………………… 70	千葉急行と芝山鉄道 ………… 53
大神宮下・船橋競馬場 ……… 36	京成金町 ……………………… 72	京成電鉄の掲示物あれこれ … 71
谷津 …………………………… 38	京成幕張本郷・京成幕張・検見川 … 74	大正時代の乗車券と路線図 … 73
京成津田沼 …………………… 40	京成稲毛・みどり台・西登戸 … 76	

本書内の「現在」は、原則として本書発行時点を意味します。

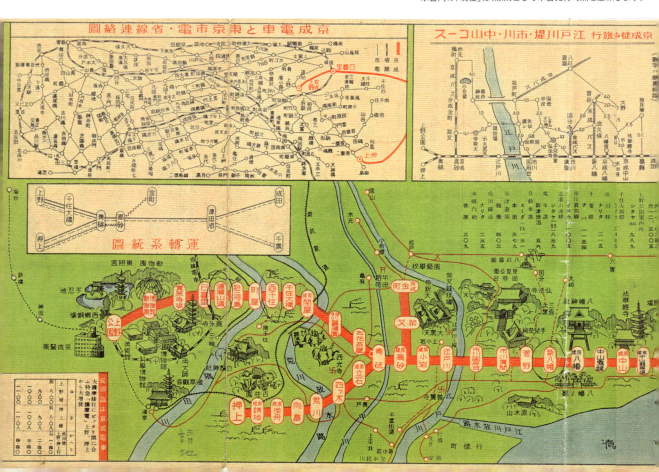

戦前の時刻表と沿線案内図

京成電氣軌道線（運）

十五年六月一日訂補

本線：上野公園、△博物館動物園、△寛永寺坂、日暮里（乗）、△道灌山通、△新三河島、△町屋、西千住、△千住大橋、△京成関屋、△堀切菖蒲園、お花茶屋、青砥、京成高砂、京成小岩、江戸川、市川国府台、△市川眞間、△菅野、新八幡、京成八幡、中山鬼越、△京成中山、葛飾、海神、△京成船橋、大神宮下、京成花輪、谷津遊園、△京成津田沼、京成大久保、實籾、京成大和田、志津、△佐倉、京成佐倉、大佐倉、京成酒々井、宗吾、△京成成田

支線：押上、京成請地、京成曳船、向島、荒川、△四ツ木、△京成立石、△青砥、△京成高砂、△柴又、△京成金町／△京成津田沼、京成幕張、検見川、京成稲毛、濱海岸、千葉海岸、新千葉、△京成千葉

粁程		運賃		驛名	運轉時間		
上野公園ヨリ	押上ヨリ	上野公園ヨリ	押上ヨリ				
		錢	錢		上野公園・京成成田間 87分ヲ要ス	上野公園發成田行	5 00 ヨリ 9 10 マデ 28分毎 以後終車 10 05 ニ直通運轉	京成成田發上野行	4 16 ハ津田沼乘換（上野押上行ニ接續）5 20 ヨリ 9 40 マデ 28分毎 以後終車 10 20 ニ直通運轉
0.0	17.2	0	29	上野公園			
2.1	15.2	5	25	日暮里	上野公園・京成千葉間 67分ヲ要ス	上野公園發千葉行	5 00 ヨリ 11 36 マデ下記直通以外ハ青砥乘換 5 20 ヨリ 5 50 マデ 28分毎ニ直通運轉	京成千葉發上野行	4 02 ヨリ 11 00 マデ下記直通以外ハ青砥又ハ津田沼乘換 6 50 ヨリ 6 58 マデ 28分毎ニ直通運轉
5.9	11.	10	19	千住大橋			
17.2	0.0	29	0	押上	押上・京成成田間 70分ヲ要ス	押上發成田行	4 16 ヨリ 10 09 マデ下記直通以外ハ青砥乘換 6 03 ヨリ 4 19 マデ 28分毎ニ直通運轉	京成成田發押上行	4 16 ヨリ 10 20 マデ下記直通以外ハ津田沼又ハ青砥乘換 7 47 ヨリ 6 03 マデ 28分毎ニ直通運轉
6.7	4.6	21	8	京成立石			
11.5	5.7	19	10	青砥	押上・京成千葉間 60分ヲ要ス	押上發千葉行	4 50 ヨリ 5 57 マデ、28分毎ニ 6 11 ヨリ 9 57 マデ 11分乃至18分毎ニ以後 10 25, 10 59, 11 50 ニ直通運轉	京成千葉發押上行	4 02, 4 37 ヨリ 7 05 マデ 28分毎ニ直通 7 19 ヨリ 10 13 マデ 11分乃至18分毎 終車 10 00 直通運轉
12.9	7.1	21	13	京成高砂			
16.4	10.6	25	19	市川國府臺			
17.4	11.6	25	19	市川眞間			
20.9	15.1	30	25	京成中山	上野公園・青砥間 18分ヲ要ス	上野公園發青砥行	5 00 ヨリ 0 15 マデ 2分乃至 7分毎ニ運轉	青砥發上野行	4 20 ヨリ 11 50 マデ 3分乃至 7分毎ニ運轉
25.2	19.4	38	32	京成船橋			
29.7	23.9	47	38	京成津田沼			
42.7	36.9	63	58	京成千葉	上記ノ外	押上發高砂行 4 16 ヨリ 0 10 マデ／高砂發押上行 4 00 ヨリ 11 47 マデ	3分乃至 14分毎ニ運轉
51.0	45.2	80	72	京成佐倉			
61.5	55.7	97	88	京成成田			

支線　押上・京成金町間　9.4粁、運賃16錢　運轉時分　17分ヲ要シ押上發 5 09 ヨリ 0 02 マデ　金町發 5 13 ヨリ 11 42 マデ運轉

◎「鉄道省編纂時刻表」（昭和16年3月号）

提供：京成電鉄

まえがき

　本書で扱うのは、東京と千葉方面を結ぶ大動脈として多くの人々に利用されている京成電鉄、その沿線の街と駅の1世紀におよぶ歴史と現在の姿である。御存じの通り、京成電鉄は大正元（1912）年11月、当時の東京側の起点だった押上と伊予田（現・江戸川付近）までと、曲金（現・京成高砂）と柴又を結ぶ路線でスタートした。当時の社名は京成電気軌道であり、法律上は路面電車の扱いだった。

　その後、江戸川を越えて千葉方面に路線を伸ばし、大正10（1921）年7月には千葉（現・千葉中央）まで延伸している。その後も京成成田までの本線とともに、東京の新しいターミナルとなる上野公園（現・京成上野）へ乗り入れを果たすなどして、現在のような鉄道路線を完成させた。一方で、白鬚線や谷津支線のように廃止された区間もあった。

　現在の京成線には、日本の空の玄関口である成田国際空港、新しい東京名所の東京スカイツリーがあり、外国人観光客が目立つ路線となっている。一方で、成田山新勝寺、柴又帝釈天、中山法華経寺など日本の歴史につながり、日本人の心のふるさととなる場所も数多い。開業から100年余り、京成電鉄は常に魅力ある鉄道路線であり続けている。

2015年4月　生田 誠

日暮里付近　昭和42年　撮影：矢崎康雄

京成電鉄 69駅探見

地上駅だった頃の押上駅付近の空撮　昭和34年　提供：京成電鉄

提供：京成電鉄

けいせいうえの
京成上野

昭和8年に念願の上野乗り入れが実現。
JR各線、地下鉄線上野駅と地上連絡。

開業年	昭和8(1933)年12月10日
所在地	台東区上野公園1-60
キロ程	0.0km
駅構造	地下駅
ホーム	2面4線
乗降人員	43,576人

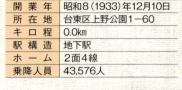

京成上野駅の池の端口(昭和30年代)
不忍池側に開かれている池の端口(地上出口)。細い道路の反対側には、観光客向きの旅館やホテル、飲食店が並んでいた。

上野京成百貨店(昭和47年)
下谷(現・上野)郵便局が移転した跡地に昭和47(1972)年に開業した京成百貨店だが、昭和59(1984)年に閉店し、現在は上野マルイになっている。

京成上野駅(昭和47年)
京成上野駅は上野公園の南端に位置する。右側の階段を上れば、待ち合わせスポットの西郷隆盛銅像がある。緑豊かな夏の風景か。

京成上野駅正面口(現在)
中央通りに面した正面口(地上出口)。目の前には都バスなどの乗り場もあり、人々の動きが多い場所となっている。

　京成にとっての念願だった都心のターミナル乗り入れ、上野延伸を果たしたのは昭和8(1933)年12月10日のこと。開業当初の駅名は「上野公園」で、文化財の建物や木々の多い上野公園、寛永寺を保護するため、地下駅からのスタートとなった。

　もっとも、それよりも半世紀前の明治16(1883)年、日本鉄道の上野～熊谷間の開通時に始発駅となったのが、鉄道駅としての上野駅のスタートである。明治39(1906)年には日本鉄道が国有化され、国有鉄道(現・JR)の駅となった。

　京成上野駅はJR駅の南西側、上野山(台地)の先端に位置している。現在の上野山には、上野恩賜公園が広がり、東京国立博物館、恩賜上野動物園、東京文化会館などの文化施設が建ち並んでいるが、それ以前は「東叡山」の山号をもつ寛永寺の寺社地が広がっていた。さらに「上野」の地名の由来をたどれば、伊賀(現・三重県)上野の領主だった藤堂高虎の屋敷が置かれていたからとも。現在も、高虎の墓は寛永寺内の「寒松院」に残っており、この寛永寺の門前町が「上野」と呼ばれるようになったといわれている。

　京成上野公園駅は昭和28(1953)年の駅名改称により、京成上野駅となった。昭和40年代には、車両の増強、スカイライナーの運転などに合わせて、何度かの駅改良工事が行われ、現在の形になったのは昭和51(1976)年のことである。

提供：石本祐吉

特急「開運号」（昭和32年頃）
昭和28（1953）年に登場した1600形は全鋼製・前面2枚窓のスマートな車体をもち、京成上野〜京成成田間を快走した。翌年には車端部の壁に白黒テレビが取り付けられた。

提供：京成電鉄

京成聚楽ビル（旧京成本社ビル）（昭和30年代）
中央通りを隔てた反対側、現在のヨドバシカメラが建つ場所にあった京成聚楽ビル。昭和11（1936）年に竣工、京成本社が置かれていた。

上野広小路（昭和戦前期）
京成上野駅が開業した頃、上野山から上野広小路方向を望む。関東大震災の壊滅的被害から復興した上野の街の姿がある。

JRの上野駅（現在）
京成の始発駅である上野周辺は複数のJR線、地下鉄線と接続する都内有数のターミナルである。平成27年には上野東京ラインも開業した。

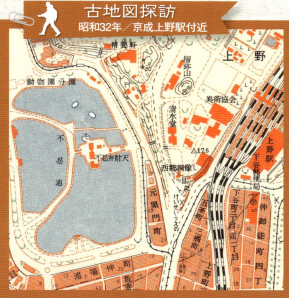

古地図探訪　昭和32年／京成上野駅付近

高台となっている上野公園の南端には西郷隆盛像が建ち、さらにすぐ南側に京成上野駅があることがわかる。西側には不忍池が広がり、国鉄（現・JR）上野駅は北東側になる。
市街地の旧町名表記では、西側の「元黒門町」は寛永寺の黒門に、東側の「三橋町」は明治初期まで川が流れ、3つの橋が架かっていた場所である。また、「広小路町」はいわゆる上野広小路に当たる。上野駅の南側にあった下谷郵便局は移転し、上野郵便局に変わっている。

見所スポット

恩賜上野動物園
現在は、ジャイアントパンダの飼育で有名だが、明治15（1882）年に開園した日本最古の動物園として知られる。西園と東園を結ぶ上野動物園モノレール（上野懸垂線）は日本最古のモノレールである。

東京国立博物館
日本を代表する美術博物館。質量ともに国内最大規模を誇る。明治5（1872）年開館で、本館、東洋館、平成館などを有し、日本、東洋美術の名作を展示するほか、大規模な特別展も開催する。

上野恩賜公園、西郷隆盛像
江戸時代から寛永寺が存在した上野山は明治6（1873）年、日本最初の公園に指定された。また、「上野大仏」でも知られていた。公園の南端に建つ西郷隆盛像は待ち合わせスポットとして有名。

京成本線／押上線／金町線／千葉線・千原線／成田空港線

にっぽり・しんみかわしま

日暮里・新三河島

上野延長前は起終点の駅、JR線と連絡。
昭和6年に開業、南東にはJRの三河島駅。

日暮里

開 業 年	昭和6(1931)年12月19日
所 在 地	荒川区西日暮里2−19−1
キ ロ 程	2.1km(京成上野起点)
駅 構 造	地上駅・高架駅
ホ ー ム	地上1面1線、高架2面1線
乗降人員	96,428人

新三河島

開 業 年	昭和6(1931)年12月19日
所 在 地	荒川区西日暮里6−2−1
キ ロ 程	3.4km(京成上野起点)
駅 構 造	高架駅
ホ ー ム	1面2線
乗降人員	5,199人

日暮里駅(昭和30年代)
現在のような駅ビルになる前の日暮里駅は駅舎、構内ともにレトロな雰囲気を漂わせていた。改札口には珍しかった自動券売機が設置されている。

提供:京成電鉄

提供:京成電鉄

日暮里駅(現在)
JRと京成に加え、日暮里・舎人ライナーが乗り入れて生まれ変わった日暮里駅東口の夜景。左のビルは、日暮里ステーションポートタワー。

日暮里駅付近(昭和戦前期)
新しい街並みが誕生しつつあった日暮里駅の北口付近。

日暮里駅(昭和44年頃)
ホームが拡張されたため、南側(京成上野寄り)に乗り換え階段を増設している。左側の客車は常磐線の上野行き。

提供:京成電鉄

　京成の日暮里駅は昭和6(1931)年12月に開業した。このときに従来の本線上にある青砥駅から、9.4kmの路線延長が実現し、国鉄(現・JR)線と連絡する日暮里駅が新しいターミナルとなったのである。その2年後の昭和8(1933)年に上野延長がなされるも、現在もJR線と日暮里・舎人ライナーとの連絡駅としての地位は揺らぎがないままである。

　日暮里駅は明治38(1905)年、日本鉄道の駅として開業している。この「日暮里」という地名は、もとは「新堀」だったが、江戸時代に「一日中過ごしても飽きない里」という意味の「日暮里(日暮らしの里)」に変化したという。明治時代には日暮里村が置かれ、大正2(1913)年に谷中本村、金杉村の一部と一緒になり、日暮里町が生まれた。昭和7(1932)年、東京市が近隣の町村を編入し、15区から35区に拡張した際に荒川区が誕生し、日暮里町はその一部となった。駅の西にあたる谷中側は明治時代から下谷区の一部で、戦後は台東区に変わっている。

　新三河島駅は日暮里駅と同じ昭和6(1931)年12月に開業している。その南東には既に国鉄の三河島駅があり、「新」の一字が加えられた駅名となった。「三河島」という地名の由来には諸説ある。中川、古利根川、荒川という3本の川に囲まれた島状の土地だったという説のほか、徳川家康とともに三河国から来た伊藤一族が住みついたからという説、木戸三河守孝範の屋敷が存在したからという説もある。

新三河島駅（現在）

新三河島駅（昭和49年）

昭和6(1931)年の開業時から、高架駅として存在していた新三河島駅。エレベーターが設置されたが、駅舎の構造は現在もほとんど変わっていない。

撮影：石本祐吉

提供：京成電鉄

提供：京成電鉄

新三河島駅改札口と売店（昭和30年代）

高架下の出札、改札口。運賃表の路線図がシンプルな時代だった。たばこ、公衆電話と書かれた売店の看板も古い雰囲気のものである。

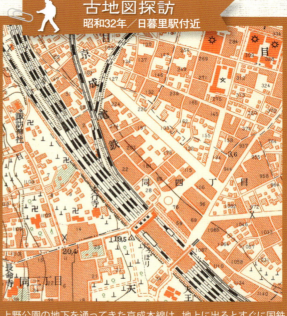

古地図探訪
昭和32年／日暮里駅付近

上野公園の地下を通ってきた京成本線は、地上に出るとすぐに国鉄（現・JR）線東北本線を渡り、同線の北側を沿うように走って日暮里駅に到着する。駅の先では、今度は常磐線の上を渡り、北東に向かうが、現在は新幹線、日暮里・舎人ライナーが開通し、鉄道路線はさらに複雑なものになっている。北口広場の先から北西に伸びる広い道路が、現在の屋久橋通り。この後に整備、拡張されて、西日暮里駅付近から北に向かう東京都道・埼玉県道58号台東川口線となっている。

見所スポット

本行寺
江戸時代から月見の名所として知られ、「月見寺」の異名をもつ。室町時代、江戸城を築いた太田道灌の孫、太田資高が開いた日蓮宗の寺院である。

経王寺
明暦元(1655)年創建の日蓮宗の寺院。幕末の上野戦争で敗れた彰義隊が立てこもり、新政府軍の攻撃を受けた際の弾痕が山門に残る。

谷中霊園
谷中霊園は、川上音二郎、渋沢栄一、徳川慶喜、鳩山一郎ら著名人の墓が多いことで知られる。明治7(1874)年、東京府管轄の公共墓地として開設。

まちや・せんじゅおおはし

町屋・千住大橋

都電が走る駅前、東京メトロの町屋駅と接続。
江戸最大の宿場町、千住大橋の北に位置。

町屋

開業年	昭和6(1931)年12月19日
所在地	荒川区荒川7-40-1
キロ程	4.3km（京成上野起点）
駅構造	高架駅
ホーム	1面2線
乗降人員	19,390人

千住大橋

開業年	昭和6(1931)年12月19日
所在地	足立区千住橋戸町11-1
キロ程	5.9km（京成上野起点）
駅構造	高架駅
ホーム	2面4線
乗降人員	11,326人

町屋駅（昭和30年代）
南側から見た町屋駅の入り口付近。ポストの横には、大きな荷物を背負った行商のおばさんたちの姿がある。

提供：京成電鉄

町屋駅と都電（昭和47年）
京成本線のガード下には現在も残る都電の三ノ輪橋行きの電車が見える。駅舎の外観は変わっても、この風景は変わらない。

撮影：山田虎雄

提供：京成電鉄

町屋駅の改札口（昭和30年代）
木製のボックスが設置されていた町屋駅の改札口付近。階段に設置されている電灯や看板の文章にも目を止めていただきたい。

町屋駅付近（現在）
都電荒川線が走る下町の街として知られる町屋駅周辺。右奥には京成本線の町屋駅がある。

　下町の雰囲気が漂う町屋は、唯一残った都電荒川線との連絡駅である。もっとも東京メトロ千代田線とも連絡しており、乗り換え客の多くはこちらを利用する人々である。

　京成の町屋駅は日暮里、新三河島、千住大橋駅と同じ昭和6(1931)年の開業で、当時、既に路面電車の停留場が置かれていた。これは現在の都電荒川線の前身である王子電気軌道で、当時の名称は「稲荷前」だった。昭和17(1942)年、王子電軌は市電(都電)の一部となり、電停の名称は戦後、「町屋一丁目」をへて、昭和52(1977)年から「町屋駅前」となっている。

　「町屋」の地名の由来は、集落(町)がある場所という意味の「真土」という、良質の粘土が取れた場所であるという説

がある。ちなみに、隅田川沿いの待乳山も「真土山」に由来するといわれる。

　千住大橋駅は文字通り、隅田川に架かる千住大橋のすぐ北に位置する。駅の目の前を国道4号（日光街道、奥州街道）が通り、その先の北東にはJR、東武、東京メトロ、つくばエクスプレスの北千住駅がある。また、千住大橋を渡った南東にはJRと東京メトロの南千住駅があり、北千住駅とはほぼ同じくらいの距離である。江戸時代には、日本橋を起点とする五街道のひとつ「日光街道、奥州街道」の最初の宿場として千住宿が置かれており、千住宿は「江戸四宿」（他に板橋、内藤新宿、品川）の中でも最大の宿場といわれた。

千住大橋駅付近（昭和34年）

千住大橋駅付近のガード上を走る京成電車と都電、都バスのスリー・ショットである。信号機の派手な縞模様にも注目していただきたい。

撮影：石本祐吉

千住大橋駅ホーム（昭和30年代）

木造の階段がのぞく千住大橋駅のホーム。大きな看板が見える「正和自動車練（教）習所」は足立区千住緑町にあったが、現在は閉鎖されている。

提供：京成電鉄

千住大橋駅の改札口付近（昭和30年代）

改札口付近にあった売店。天井付近には雑誌が並べられているが、ケース付近には子ども向けの学習雑誌も置かれている。

提供：京成電鉄

古地図探訪
昭和32年／町屋駅付近

この町屋駅付近では、京成本線と都電が交差している。かつての王子電気軌道である現在の都電荒川線は、荒川自然公園に沿うように北上し、三河島下水処理場（現・三河島水再生センター）の撹拌池、沈殿池の横を通り、北西に向きを変えて、町屋駅方面にやって来る。一方、京成本線は新三河島駅方面から北東に進み、この駅を過ぎると進路をやや東寄りに変える。駅北東にある町屋火葬場は「町屋斎場」に変わっている。

見所スポット

荒川自然公園

荒川8丁目にある区立の公園で交通園、昆虫園のほか、野球場、テニスコートなどの施設がある。夏には「わいわいプール」も開かれる。

大橋公園、奥の細道の碑

隅田川に架かる千住大橋の北詰に位置する公園。俳人、松尾芭蕉の紀行文『奥の細道』の行程図や「矢立初の碑」がある。

千住神社

平安時代の延長4（926）年創建で、旧名は「千崎稲荷神社」。千住宿の西にあることから、西森神社とも呼ばれ、大正4（1915）年、「千住神社」となった。

京成本線　押上線　金町線　千葉線・千原線　成田空港線

けいせいせきや・ほりきりしょうぶえん

京成関屋・堀切菖蒲園

北斎の浮世絵で知られる「関屋の里」。
堀切には古来、花菖蒲の名所が点在。

京成関屋

開業年	昭和6(1931)年12月19日
所在地	足立区千住曙町2-2
キロ程	7.3km(京成上野起点)
駅構造	高架駅
ホーム	2面2線
乗降人員	25,155人

堀切菖蒲園

開業年	昭和6(1931)年12月19日
所在地	葛飾区堀切5
キロ程	8.8km(京成上野起点)
駅構造	高架駅
ホーム	2面2線
乗降人員	20,304人

撮影:荻原二郎

京成関屋駅(昭和13年)
京成関屋駅に停車しているモハ39形。丸屋根の車体が特徴で正面の中央窓も大きい。時代からして貴重な1枚。

所蔵:フォト・パブリッシング

京成関屋駅に停車している3150形(昭和50年代)
昭和38年に登場した3150形は、その3年前から活躍していた3100形の改良増備車である。平成15年に全ての形式が廃車された。

提供:京成電鉄

堀切菖蒲園駅の売店(昭和30年代)
堀切菖蒲園駅の構内に設置されていた売店で、かなり多様な品物が売られていたことがわかる。買い物に訪れた割烹着姿の女性もいる。

提供:京成電鉄

京成関屋駅(昭和30年代)
京成関屋駅北側にあった入口。道路を隔てた北側には東武伊勢崎線(東武スカイツリーライン)の牛田駅が存在する。

提供:京成電鉄

堀切菖蒲園駅(昭和30年代)
高架下の駅らしい堀切菖蒲園駅の入り口付近。近所の映画館(堀切文映)で上映中のプログラムを示す看板が見える。

　京成関屋駅は昭和6(1931)年、青砥〜日暮里間の開通時に開業した新駅のひとつである。駅の所在地は足立区千住曙町で、同じ町内のすぐ北側には東武スカイツリーライン(東武伊勢崎線)の牛田駅がある。

　江戸時代、このあたりは「関屋の里」と呼ばれていた。浮世絵師、葛飾北斎の代表作『富嶽三十六景』のひとつに同名の作品があり、牛田堤(土手)の向こうに富士山が描かれている。また、この付近には氷川神社、関屋明神(関屋天満宮)が祀られていたが、現在は千住仲町に移転し、仲町氷川神社内に境内社として関屋天満宮がある。

　堀切菖蒲園駅も京成関屋駅と同じ昭和6年の開業である。駅所在地は葛飾区堀切5丁目にあるのに対して、東武スカイツリーラインの堀切駅は荒川の対岸、足立区千住曙町に置かれている。駅名となっている「堀切菖蒲園」は、花菖蒲の咲く名所として有名な葛飾区所管の公園である。

　この堀切周辺は江戸時代から花菖蒲で知られ、その昔は武蔵園、吉野園、小高園などの多くの菖蒲園があった。そのひとつであった「堀切園」を昭和34(1959)年、東京都が購入して公園とし、昭和50(1975)年に葛飾区に移管されたのが堀切菖蒲園である。「堀切」の地名の由来は、人工的に掘削された堀(溝)の名称の一種で、江戸時代から堀切村が存在していた。

堀切菖蒲園駅（昭和58年）
駅構内の内装が一新されている堀切菖蒲園駅。駅名の表示看板なども新規のものが掛けられている。

荒川放水路橋梁（昭和30年）
昭和6（1931）年3月に竣工、同年12月から使用を開始したプレートガーター橋であり水流部はトラス橋になっている。背後に千住のお化け煙突がかろうじて見える。

堀切菖蒲園駅（昭和49年）
堀切菖蒲園駅に停車する電車とガード上を走る電車。現在は普通しか停車しないが、平成14（2002）年までは、急行も停車していた。

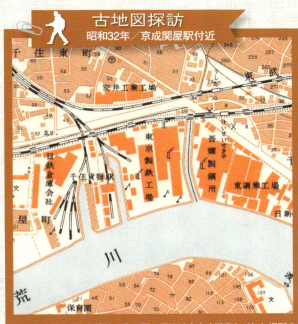
古地図探訪
昭和32年／京成関屋駅付近

この京成関屋駅、東武線の牛田駅の周辺は大きく様変わりした場所のひとつである。まず、南東の荒川には現在、都道314号言問大谷田線が通る千住汐入大橋が架かっている。ここはかつて、汐入と千住曙町を結ぶ「汐入の渡し」があった。また、駅の南東に点在していた工場のほとんどが姿を消し、マンションなどに変わった。駅南側には足立郵便局が移転し、「東京製鉄工場」のあった場所には現在、日本交通採用研修センターができている。

堀切菖蒲園駅（現在）
堀切菖蒲園駅の駅舎は、西側を走る都道314号言問大谷田線に面している。駅の南北に、アブアブ赤札堂（堀切店、堀切菖蒲園店）がある。

見所スポット

水神大橋
荒川区側の都立汐入公園と墨田区側の東白鬚公園をつなぐため、平成元（1989）年に架橋された。都道461号吾妻橋伊興町線が上を通る。

堀切菖蒲園
葛飾区所管の公園で、綾瀬川沿いの堀切2丁目にある。200種約6,000株の花菖蒲が植えられており、6月中旬から下旬にかけて花の見ごろを迎える。

都立汐入公園
隅田川に面した荒川区最大の都立公園。テニスコート、野外ステージなどのほかに、バーベキューのできる広場がある。

京成本線　押上線　金町線　千葉線・千原線　成田空港線

おはなぢゃや

お花茶屋

江戸時代に将軍が訪れた、「お花茶屋」。
駅所在地は宝町、北に「お花茶屋」の地名。

開業年	昭和6(1931)年12月19日
所在地	葛飾区宝町2-37-1
キロ程	9.9km(京成上野起点)
駅構造	地上駅
ホーム	2面2線
乗降人員	31,250人

お花茶屋駅（昭和30年代）
売店や商店が立ち並ぶお花茶屋駅の改札口付近。昭和48(1973)年に現在のような橋上駅舎となり、この風景は姿を消した。

お花茶屋駅（昭和30年代）
現在もこの区間では珍しい地上駅であり、この踏切も姿を変えながら残されている。駅前には商店街があり、今も飲食店が多い。

お花茶屋駅のホーム（昭和34年）
昭和34(1959)年、京成線の改軌工事が行われた際には、この駅が上野、成田方向との分界駅となった。列車の方向板もこの時期に使用された。

　堀切菖蒲園駅を出た普通列車は、真っ直ぐに東へ進んで次のお花茶屋駅に到着する。ともに普通列車のみが停車する駅で、開業も同じ昭和6(1931)年12月である。
　この駅の所在地は葛飾区宝町2丁目だが、北側には「お花茶屋1〜3丁目」の地名が広がっている。このあたりは江戸時代には幕府の所有地で、将軍が鷹狩を目的として訪れていた。8代将軍の徳川吉宗がここを訪れて腹痛を起こしたときのこと、三軒あった茶屋のひとつで、娘のお花が湯茶で看病すると、すぐに回復したという。この逸話から、「お花茶屋」の地名が生まれ、駅名の由来となったのである。

古地図探訪 昭和32年／お花茶屋駅付近

この頃はまだ農地が残されていたお花茶屋駅の付近も、現在はすっかり宅地に変わっている。駅東側にあったタイヤ工場は姿を消し、マンションなどになっている。駅の北側には現在も共栄学園があり、その西側には葛飾区立双葉中学校がある。駅南側の「〒」マークはお花茶屋駅前郵便局である。駅東側を流れていた曳舟川は埋められたが、駅前付近から亀有駅までの区間は、人工的な流れをもつ「曳舟川親水公園」として整備されている。

向島を走った白鬚線

京成には、隅田川を渡って王子電気軌道（現・都電荒川線）との連絡を目指す新線建設の計画があった。その一部がいまはなき白鬚線で、昭和3（1928）年4月、向島～白鬚間が開業した。しかし、別ルートでの上野乗り入れが実現し、この白鬚線は昭和11（1936）年2月に廃止となった。

白鬚駅に停車するモハ33形
（昭和初期）

提供：京成電鉄

昭和5年当時の白鬚線沿線

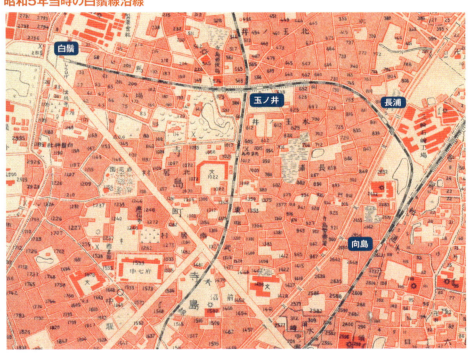

白鬚線（向島～白鬚）

単線だった白鬚線は全長わずか1.4km。中間駅も長浦と玉ノ井（後に京成玉ノ井に改称）の2駅だった。玉ノ井付近では東武伊勢崎線と交差し、東武の玉ノ井（現・東向島）駅と連絡していた。白鬚駅は、隅田川に架かる白鬚橋の東、明治通りと墨堤通りの交差点付近にあった。

見所スポット

お花茶屋駅（現在）
相対式ホーム2面2線のホームを有するお花茶屋駅。普通のみの停車駅であるが、乗降客数はかなり多い。

葛飾区郷土と天文の博物館
お花茶屋駅から徒歩8分の白鳥3丁目にある。プラネタリウム、天文観測室（天文台）を備え、郷土展示室では企画展も行う。

曳舟川親水公園
曳舟川（葛西用水）の水路跡を整備した緑豊かな公園で、お花茶屋駅の駅前からJR亀有駅の南まで続いている。

あおと

青砥

昭和3年延伸時に分岐駅として誕生。
鎌倉時代の武将、青砥藤綱領地が由来。

開業年	昭和3(1928)年11月1日
所在地	葛飾区青戸3-36-1
キロ程	3.4km(京成上野起点)
駅構造	高架駅
ホーム	2面4線
乗降人員	46,275

青砥駅(昭和30年代)
改築前の青砥駅は、陸屋根の洋風だった。この当時の駅舎は、上り線の上野、押上方向の場所に存在していた。

青砥駅(昭和40年代)
現在では改札口のある中2階を含む3階建てとなっている青砥駅。改築前の駅舎はこんな簡素な造りだった。右にいる宝くじ売りの姿にもご注目を。

青砥駅(昭和40年代)
京成ストア青砥駅前店(リブレ京成)開店時の駅前風景。花輪が並ぶ店頭の奥に「電車のりば」と書かれた看板が見える。

青砥駅を同時に発車(昭和50年代)
右は都営5000形新塗装車の急行京成成田行き。左は京成3200形の京成金町行き。この先複々線区間の京成高砂まで並走する。

　現在の京成本線である青砥〜日暮里(上野)間が開業する前は、押上に向かう京成押上線が「本線」の扱いで、当時は青砥には駅が置かれていなかった。青砥駅の開設は昭和3(1928)年11月で、その3年後(昭和6年12月)に青砥〜日暮里間が開通している。

　青砥駅の所在地は葛飾区青戸3丁目。この「青砥(青戸)」の地名は鎌倉時代の武将で、『太平記』の逸話で知られる青砥藤綱の領地だったことに由来する。駅の東側を流れる中川には青砥橋が架かっている。また、中川を渡った高砂との中間にある大光明寺(旧極楽寺)には、藤綱が奉納したといわれる弁天像と、藤綱の供養塔が残されている。

青砥駅ホーム(昭和41年)
左側の都営地下鉄から到着した5000形はすでに新橋の方向幕を掲出している。右の車両は京成車で赤電の3150形。

中川の高砂橋付近（昭和40年代後半）
青砥・京成高砂間の中川、高砂橋付近の俯瞰。京成本線の橋梁南側で、新橋梁建設工事の頃の風景である。青砥〜京成高砂間は昭和60年に複々線化された。

提供：京成電鉄

青砥駅立体化工事（昭和50年）
この写真は押上方から撮影されたもので、旧駅跡に鉄骨の構造物が立ち上がっている。現在の青砥駅のような二層構造の高架駅は京急蒲田駅や近鉄布施駅など数少ない。

撮影：石本祐吉

古地図探訪
昭和32年／青砥駅付近

中川のほとりに近い青砥駅の周辺で、まず目につくのは2つの「鳥居」マークである。このうち、北にあるのは中原八幡神社で、南にあるのは福森稲荷神社である。前者は江戸時代に開かれた中原村の鎮守で、この地図でも「中原町」の住居表示が見えるが、現在は「立石」「青戸」などに変わっている。一方、後者は淡之須村（福森村）の鎮守で、この地図上に「本田淡之須」の文字がある。駅西側の「〒」マークは、葛飾青戸郵便局である。

所蔵：フォト・パブリッシング

AE形新塗装車（平成13年）
成田空港と結ぶスカイライナーをPRするため、昭和58年から車体が青・赤・白のさわやかなデザインに塗り替えられた。

撮影：山田虎雄

現行塗装の3200形（平成13年）
3200形は赤電を代表する形式で昭和39年に登場。両開きドアを採用し、京成通勤車の標準的なスタイルを確立させた。

青戸平和公園
以前の「青戸公園」で、平和を祈る祈念塔、慰霊堂をもつ。子どもたちが遊べるブランコ、すべり台のほか、夏場に利用できる水遊び場も。

葛飾区総合スポーツセンター
葛飾区民のための健康増進施設で、体育館、陸上競技場のほか、温水プール、少年野球場、テニスコートなども備えている。

見所スポット

京成本線　押上線　金町線　千葉線・千原線　成田空港線

17

けいせいたかさご

京成高砂

大正元年、曲金駅開業。翌年に高砂駅。
金町線、成田スカイアクセス線との分岐点に。

開業年	大正元(1912)年11月3日
所在地	葛飾区高砂5−28−1
キロ程	12.7km(京成上野起点)
駅構造	地上駅(金町線のみ高架駅)
ホーム	3面5線
乗降人員	96,950人

京成高砂駅(大正3年頃)
線路沿いを歩く人がいる約100年前の高砂駅の風景。奥左側が金町線のホームである。この頃は駅周辺に農地が広がっていた。

高砂検車区(撮影年不詳)
高砂検車区は大正元(1912)年に設置され、京成高砂駅の東側に位置している。現在でも活発に列車の入れ替えがなされ、夜間は京急の車両も留置される。

下りホームを通過する初代AE形(昭和56年)
登場したのは昭和47年だが、成田空港の開港が遅れ、晴れてスカイライナーとして走り始めたのは開港後の昭和53年であった。

都営5200形(平成3年)
イトーヨーカドー高砂店の脇を走るセミステンレス車の都営5200形は、2編成12両しか在籍しなかった車両である。

京成高砂駅は、当時の京成本線だった立石(現・京成立石)〜市川(現・江戸川)間に曲金駅として、大正元(1912)年11月に開業した。このときには、現在の隣駅である青砥駅と、京成小岩駅は存在していなかった。

駅開業と同じくして、京成金町線が柴又駅まで開業し、翌大正2(1913)年には既にあった帝釈人車鉄道(軌道)の改築で、金町(現・京成金町)駅まで延伸されている。駅名も大正2年に「高砂」に変わり、さらに昭和6(1931)年に「京成高砂」と改称されている。

その後、平成3(1991)年には北総開発鉄道(現・北総鉄道)が開通、平成22(2010)年にこの北総線経由で成田空港駅に向かう、成田空港線(成田スカイアクセス線)が開業している。

古くから駅周辺は「曲金」という地名で、開業時の駅名にも採用されていた。ところが、昭和7(1932)年、東京市葛飾区が誕生した際、この古い地名は語感がよくないとされ、謡曲からとられた「高砂」が駅名として採用された。さらに昭和40(1965)年からは、新しい住居表示に変わり、「高砂」の町域は広がっている。

京成高砂駅（昭和34年）
改軌工事が行われていた頃の京成高砂駅。仮設ホームの横には、満員の乗客が乗った京成上野行きの普通列車が見える。
所蔵：フォト・パブリッシング

京成高砂駅に停車している1000形（平成3年）
この車両（4連2本）は昭和63年に京浜急行からリースした車両であり、3年後に4両返却し残りの4両は千葉急行に貸し出された。
撮影：山田虎雄

京成高砂駅（昭和58年）
京成高砂駅の北口付近。駅舎の外観は変わり、左にのぞく都道307号王子金町江戸川線に架かる歩道橋も消えた。

京成高砂駅（現在）
京成高砂付近を走るシティライナー。2代目スカイライナーとして活躍したＡＥ100形を転用した。
撮影：杉崎行恭

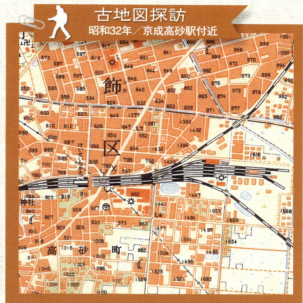

古地図探訪
昭和32年／京成高砂駅付近

この京成高砂駅では、北に進む京成金町線と京成本線が分かれるが、その中間には高砂検車区が広がっている。ここには大正元（1912）年に車庫が誕生し、京成の都心の拠点となってきた。現在は北総線の路線も生まれている。また、この当時は、この駅を境にして、南西には多くの農地があったことがわかる。駅の南口そばにあった工場の跡地には、イトーヨーカドー高砂店が開店した。駅西側の神社は、高砂天祖神社である。

京成高砂駅（昭和42年）
京成本線のホーム（3番線）には、荷物列車が停車している。左側の4番線には、現在は高架ホーム発となっている京成金町行きの普通が見える。
撮影：荻原二郎

新中川　高砂橋
中川、新中川の分岐点付近に架かる高砂橋は幾何学的な美しさを見せる斜張橋。平成14（2002）年に竣工した。

見所スポット

けいせいこいわ・えどがわ

京成小岩・江戸川

JR総武本線の小岩駅へは徒歩で20分。
東側に江戸川の流れ。対岸は国府台駅。

京成小岩

開業年	昭和7（1932）年5月15日
所在地	江戸川区北小岩2-10-9
キロ程	14.5km（京成上野起点）
駅構造	地上駅
ホーム	2面4線
乗降人員	16,965人

江戸川

開業年	大正元（1912）年11月3日
所在地	江戸川区北小岩3-24-15
キロ程	15.7km（京成上野起点）
駅構造	高架駅
ホーム	2面2線
乗降人員	5,388人

京成小岩駅北口（昭和38年）
現在もバス停のある北口駅前広場。この頃はホーム延長、橋上駅舎建設の工事が行われており、仮駅舎で営業していた。

撮影：石本祐吉

撮影：石本祐吉

京成小岩駅（昭和38年）
新しい橋上駅舎の完成に向けて、建設工事が行われている上下線のホーム。上りホームから江戸川方向を見た風景。

撮影：石本祐吉

京成小岩駅（昭和38年）
ホーム延長と橋上駅舎の工事が進められていた頃の京成小岩駅。左側には新設された待避線が見える。前方が京成高砂方面。

　京成小岩駅は昭和7（1932）年5月に開業した。駅所在地は江戸川区北小岩2丁目で、南小岩7丁目に位置するJR小岩駅とは、徒歩で約20分と離れた距離にあり、乗り換えには適さない。

　「小岩」の地名は、「甲和（里）」に由来する。奈良時代の「正倉院文書」には「甲和里」の記述があり、和同6（713）年に好字（よい字）の「甲和」がこのあたりの地名にされたという。この「甲和（里）」がいつのまにか、「小岩」に変化したものである。

　江戸時代から続く上小岩村、下小岩村などの諸村が明治22（1889）年に合併し、小岩村が成立した。昭和3（1928）年には小岩町が誕生したが、昭和7（1932）年に東京市江戸川区の一部となった。一方の小岩駅は明治32（1899）年、総武鉄道（現・JR総武本線）の駅として開業している。

　江戸川駅は大正元（1912）年11月、押上〜江戸川間が開業したときの終着駅である。なお、当初の駅名は「伊予田」で、その後、「市川」をへて、大正3（1914）年8月に現駅名となっている。

　駅のすぐ東側を、駅名の由来となった一級河川の江戸川が流れている。この江戸川は利根川水流の分流で、古くは「太日川」とも呼ばれていた。河川敷は広く、6月に花の見頃となる小岩菖蒲園がある。

江戸川駅（昭和49年）
江戸川の河川敷に近い江戸川駅の入り口付近。駅舎の下に「大衆酒場」の看板が見える。この当時は、東京都最東端の駅だった。

江戸川駅のホーム（昭和49年）
駅改良前の江戸川駅、上下線のホーム。奥が江戸川橋梁、国府台方向で、踏切を渡る人の姿が見える。

旧江戸川橋梁（昭和49年）
戦前から使われている旧江戸川橋梁は当初、単線だった。昭和2（1927）年の江戸川拡張工事で上り線が増設されて、複線となった。

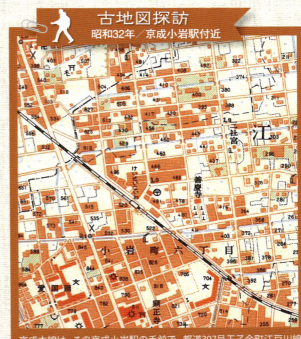
古地図探訪
昭和32年／京成小岩駅付近

京成本線は、この京成小岩駅の手前で、都道307号王子金町江戸川線（柴又街道）と立体交差している。駅周辺は、この都道を除けば、狭い道幅の道路が多く、この交通事情は現在もほとんど変わっていない。駅の南西の「文」マーク（愛国園）は、現在の愛国高校、愛国学園短大である。駅の東には日蓮宗の寺院、長慶山善慶寺があり、その東北には、上小岩村の鎮守だった「三社宮」（三社明神社、上小岩天祖神社）がある。

江戸川駅（現在）
普通列車のみが停車する江戸川駅。付近には「小岩菖蒲園」があり、6月の開花時期には多くの人がこの駅を利用する。

見所スポット

善養寺
「小岩不動尊」としても知られる真言宗豊山派の寺院。天然記念物に指定されている樹齢600年以上の「影向の松」が有名だ。

江戸川花火大会
毎年8月第一土曜日に江戸川河川敷で行われる花火大会。現在共催している対岸の市川側では「市川市民納涼花火大会」と呼ばれる。

小岩菖蒲園
江戸川の河川敷に100種約5万本の花ショウブが植えられており、アジサイやフジバカマなどの花も楽しむことができる。

こうのだい・いちかわまま

国府台・市川真間

下総国府の所在地、里見氏の城跡も。
万葉集の伝説、「真間の手児奈」の地。

国府台

開業年	大正3(1914)年8月30日
所在地	市川市市川3-30-1
キロ程	16.4km(京成上野起点)
駅構造	高架駅
ホーム	2面2線
乗降人員	11,767人

市川真間

開業年	大正3(1914)年8月30日
所在地	市川市真間1-11-1
キロ程	17.3km(京成上野起点)
駅構造	地上駅
ホーム	2面4線
乗降人員	7,487人

国府台駅(昭和49年)
江戸川の新橋梁が完成する前は地上駅で、道路に面して駅舎、改札口が存在していた。これは下り線改札口、ホーム。
撮影：石本祐吉

国府台駅(昭和30年代)
戦後の昭和23(1948)年に「国府台」駅に変わった駅舎、ホーム。簡素な出札口、改札口が置かれていた。
提供：京成電鉄

江戸川(昭和戦前期)
国府台駅付近の江戸川沿いは、風光明媚な場所として知られ、かつては舟遊びをする人の姿もあった。

市川三本松(大正時代)
千葉街道に面した三本松は、現在の市川真間駅と市川駅の中間あたりで、名物の「三本松」が旅人の目印になっていた。

　江戸川の長い橋梁を渡った京成本線は千葉県へ入り、最初の駅は「国府台」である。この駅でまず注目したいのは「国府」という文字である。この付近に下総国(千葉県の一部)の国府(古代の役所)が置かれた場所であった。

　古くは都(奈良、京都)から関東へ至るには海路も利用したが、陸路をたどれば、武蔵(江戸)に最も近い場所であることは間違いない。駅の北には、下総国分寺や里見氏の国府台城跡があり、南西には江戸時代の市川関所跡も存在する。

　京成本線の駅は大正3(1914)年3月、市川鴻の台駅として開業し、翌年には市川駅に改称された。さらに大正10(1921)年に市川国府台駅となり、昭和23(1948)年に現駅名に変わった。当初の駅名でもわかるように、「鴻の台(鴻之台、鴻ノ台)」は古代に使われていた同じ読み方の地名だ。

　市川真間駅は大正3(1914)年8月の開業である。当時の駅名は「市川新田」で、このときに江戸川〜市川新田間の延伸がなされ、一時的に終着駅となったが、翌大正4(1915)年には中山(現・京成中山)駅まで延伸し、途中駅に変わった。大正10(1921)年に現駅名に改称している。

　国府台駅と同様、この駅周辺も早くから開けた土地で、万葉集の中で高橋虫麻呂や山部赤人が和歌を詠んだ「手児奈」の伝説が残る。また、行基が彼女の霊を慰めるために開いた弘法寺のほか、手児奈霊神堂や真間の井(亀井院)もある。

市川真間駅（昭和30年代）
かつての市川真間駅には、上下線それぞれに駅舎（本屋）が設置されていた。これは、上り線側の駅舎である。

市川真間駅（現在）
橋上駅舎となった現在の市川真間駅。普通のみの停車駅で、地元からは快速停車を求める請願書が出されているが、まだ実現していない。

市川真間駅（昭和44年）
橋上駅舎に代わる前の市川真間駅のホーム。駅全体がカーブしている様子が、右側の上りホーム柵の影で見て取れる。

市川真間駅（昭和47年）
大規模な駅改良工事の完成が間近だった頃の市川真間駅。構内は下り線側、菅野寄りに大きく広がった。

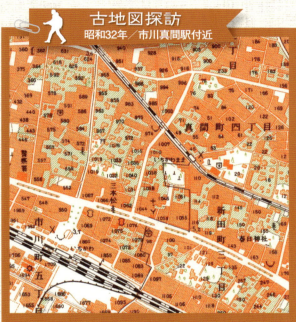

古地図探訪
昭和32年／市川真間駅付近

千葉街道（国道14号）を挟んで、北側に京成本線の市川真間駅、南側に国鉄（現・JR）総武本線の市川駅があり、この両駅付近が京成八幡、本八幡駅付近と並ぶ、市川市の中心地となっている。現在、住居表示は変わっているが、両駅の間には「三本松」という地名があった。ここには昭和33（1958）年に伐採されるまで、千葉街道の旅人の目印だった三本松が存在していた。その名残りは、付近の郵便局や教会の名称として残っている。

見所スポット

市川関所跡
江戸時代、渡し場があった江戸川には番（関）所が置かれていた。その正確な場所は不明だが、江戸川の堤防上に説明板が設けられている。

里見公園からの眺望
江戸川を見下ろす高台にある大規模な市川市立の公園。かつての国府台城があった場所で、お花見の名所としても知られる。

弘法寺
奈良時代に行基が開基した「求法寺」を空海（弘法大師）が「弘法寺」に改めたという。現在は日蓮宗の寺院で、樹齢400年の枝垂桜が有名。

すがの
菅野

県内有数の高級住宅地として知られる。
作家の永井荷風、幸田露伴も住んだ街。

開業年	大正5（1916）年3月7日
所在地	市川市菅野2-7-1
キロ程	18.2km（京成上野起点）
駅構造	地上駅
ホーム	1面2線
乗降人員	4,128人

菅野駅の電話ボックス（昭和30年代）
現在のような島式1面2線、橋上駅舎をもつ駅になる前の菅野駅、奥にホームがのぞく。手前に公衆電話のボックスがあった。

菅野駅（昭和30年代）
文豪、永井荷風も利用したであろう、菅野駅の木造駅舎とホーム。押上行きの電車が停車している。出札、改札口とともに、旧型ポストもなつかしい。

菅野駅（現在）
現在の菅野駅に設けられた橋上駅舎、京成八幡寄りの踏切付近の風景。新3000形の普通列車が駅を出発しようとしている。

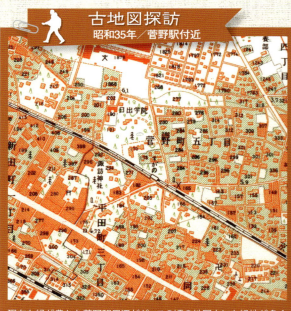

古地図探訪
昭和35年／菅野駅付近

　菅野駅は大正5（1916）年3月の開業である。明治時代から、ここには菅野村が存在し、明治22（1889）年には八幡町の一部、さらに昭和9（1934）年、町村合併で誕生した市川市の一部となっている。
　このあたりは、古くから高級住宅地として有名で、現在でも千葉県内で地価が高い場所の一つといわれる。戦後の一時期には、作家の永井荷風や幸田露伴らが住んだことでも知られる。荷風の『断腸亭日乗』や『葛飾土産』などには「菅野」の地名がよく登場する。

現在も緑が豊かな菅野駅周辺だが、この頃の地図上にも緑地が多く、高級住宅地としての雰囲気が漂っている。駅の北側には日出学園や国府台女子学園のキャンパスが広がり、西側には諏訪神社、新田胡録神社が鎮座している。この付近には現在、8号宮前緑地が整備されている。駅の南東には市川郵便局が存在するが、この郵便局は明治9（1876）年に現・市川3丁目に開局しており、昭和20（1945）年に現在地に移転してきた。

京成の廃止駅①

京成線には現在は廃止された駅があり、その多くが上野、日暮里、町屋付近に集中している。ここでは、博物館動物園、寛永寺坂、道灌山通、西千住の各駅（周辺）の姿を紹介する。

博物館動物園駅（昭和8年）
昭和8（1933）年に開業し、平成16（2004）年に廃止となった地下駅の博物館動物園駅。地上駅舎は現在も保存されている。

博物館動物園駅の改札口（昭和30年代）
上野公園内に点在する上野動物園、東京国立博物館、東京都美術館などを訪れる人々が多く利用した駅だった。

博物館動物園入口（昭和33年）
上野動物園旧正門に続く出入口であったが、現行の動物園正門が開設されたため、昭和40年代に閉鎖された。

寛永寺坂駅付近（昭和30年代）
「東台門」の扁額のある地下線入口に入る上野行きの普通列車。この地下に入ってすぐの位置に寛永寺坂駅があった。開業は昭和8（1933）年で廃止は昭和28（1953）年であった。

道灌山通駅のホーム（昭和13年）
昭和9（1934）年に開業した道灌山通駅に停車する上野行きの100形。駅は戦災で焼失し、昭和22（1947）年に廃止された。

西千住駅付近（昭和34年）
千住緑町付近に置かれていた西千住駅付近を走る回送列車。西千住駅は昭和10（1935）年からわずか12年間存在した。

けいせいやわた
京成八幡

市川市の中心地、合併前には八幡町。
JR・都営地下鉄線の本八幡駅も近い。

開業年	昭和10(1935)年5月1日
所在地	市川市八幡3-2-1
キロ程	19.1km(京成上野起点)
駅構造	橋上駅
ホーム	1面2線
乗降人員	32,192人

京成八幡駅（昭和30年代）
京成八幡ビル（市川京成百貨店）が建設される前の京成八幡駅。この駅は二代目「八幡」駅であり、当初は「新八幡」駅と呼ばれていた。

提供：京成電鉄

京成八幡駅（昭和38年）
京成八幡ビルの新築工事とともに、駅の改良工事が進んでいた。上り線の新しいホームが完成し、京成上野行きの快速が停車している。右の写真の約4カ月後である。

撮影：石本祐吉

撮影：石本祐吉

京成八幡駅（昭和38年）
「京成八幡ビル新築工事」の看板が見え、工事が始まった頃の京成八幡駅である。下り線には、京成千葉行きの電車が見える。

　この京成八幡駅は、国道14号を挟んで並行するJR総武本線の本八幡駅との近接駅となっている。また、その間を結ぶような形で都営地下鉄新宿線の本八幡駅がある。

　「本八幡」の地名でもわかるように、駅周辺はかつて存在した「八幡町」の中心であり、現在の市川市役所も京成、JR駅の東側に置かれている。八幡町は昭和9(1934)年、市川町・中山町・国分村と合併し、市川市の一部となった。

　「八幡」の地名は、駅の東側にほど近い距離の「葛飾八幡宮」に由来する。ここは平安時代の寛平年間に京都の石清水八幡宮を勧請したと伝わる古社で、平将門、源頼朝、太田道灌ら関東武士の信仰を集めた。また、「八幡の藪知らず」といわれる深い森があることでも知られる。

　京成八幡駅は昭和10(1935)年5月、新八幡駅として開業。昭和17(1942)年11月に現在の駅名の京成八幡に改称された。なお、その20年前の大正4(1915)年11月に近隣の場所に八幡駅は開業していたが、新八幡駅との距離があまりに近くなったため、元の八幡駅は「京成八幡」に改称された昭和17年に廃止となった。

京成八幡駅（現在）
快速特急、通勤特急も停車する主要駅となっている京成八幡駅。都営地下鉄新宿線との乗り換えも便利。

京成八幡駅の3600形（平成3年）
3600形は登場時赤いラインのみだった。顔つきは乗り入れ相手の都営5200形と似ている。この付近は市川市の瀟洒な住宅地だが、平安時代は東京湾の海岸だった。

撮影：小川峯生

京成八幡駅（昭和36年）
2面2線時代の狭い相対式ホームだったころの様子。その後、用地をそのままに島式ホームに1面2線の橋上駅に改良し現在に至っている。

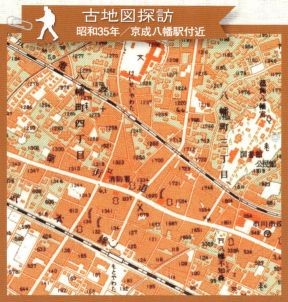

古地図探訪 昭和35年／京成八幡駅付近

市川真間駅と同様、この京成八幡駅も国道14号（千葉街道）の反対側には、国鉄（現・JR）総武本線の本八幡駅が存在している。駅南にはいくつかの銀行（現在はみずほ、三井住友銀行など）のほか、消防署、交番などの地図記号が見える。また、京成本線の線路に沿った南東には市川市役所がある。この庁舎と国道を挟んで鎮座しているのが「八幡不知森（不知森神社）」。「八幡の藪知らず」といわれる歴史伝承の場所で、水戸黄門の逸話も残されている。

提供：京成電鉄

京成八幡駅前、京成電鉄本社（現在）
京成八幡駅前には平成25（2013）年9月、押上から京成電鉄の本社が移転してきた。

見所スポット

葛飾八幡宮
市川市八幡4丁目にある神社で、国の天然記念物に指定されている樹齢1200年の「千本イチョウ」と、「八幡の藪知らず」で知られる。

おにごえ・けいせいなかやま

鬼越・京成中山

鬼や名馬の伝説に由来する鬼越駅。
日蓮宗の大本山、中山法華経寺の門前。

鬼越

開業年	昭和10(1935)年8月3日
所在地	市川市鬼越1-4-5
キロ程	20.1km(京成上野起点)
駅構造	地上駅
ホーム	1面2線
乗降人員	4,831人

京成中山

開業年	大正4(1915)年11月3日
所在地	船橋市本中山1-9-1
キロ程	20.8km(京成上野起点)
駅構造	地上駅
ホーム	2面2線
乗降人員	3,665人

鬼越駅(昭和30年代)
昭和45(1970)年に移転する前の鬼越駅の駅舎、ホームである。上り線のホームに駅舎(本屋)が置かれていた。

提供：京成電鉄

鬼越駅(昭和30年代)
小さな木造の駅舎だった頃の鬼越駅。上り線側に位置しており、下りホーム側とは構内踏切を渡って行き来していた。

提供：京成電鉄

鬼越駅(現在)
現在の鬼越駅の駅舎、ホームと駅前に設置されている踏切。特急や快速などは通過し、普通のみが停車する駅である。

　鬼越駅は昭和10(1935)年8月、中山鬼越駅として開業し、昭和18(1943)年に現在の駅名に変わった。「鬼越」の地名、駅名の由来は、この地に鬼がいたために「鬼子居(おにごい)」と呼ばれたものが変化したとか、小栗判官の愛馬「鬼鹿毛」の足跡によるなどの説が存在する。

　京成中山駅は、京成八幡駅と同様に、南側にある総武本線の下総中山駅と並行して存在する。大正4(1915)年11月にこの駅までの延伸が成され、終着駅として開業した。当時の駅名は「中山」で、昭和6(1931)年に現在の駅名となっている。一方、JRの下総中山駅は明治28(1895)年に総武鉄道の中山駅として開業し、大正4(1915)年に下総中山駅と改称している。

　中山といえば、駅の北東にある日蓮宗の大本山、正中山法華経寺が有名である。「中山」を冠した「中山法華経寺」と呼ばれることも多く、文応元(1260)年、日蓮を保護した日常(富木常忍)の創建で、当初は法華寺、本妙寺という2つの寺院が存在していたが、天文14(1545)年に両寺院を合わせた法華経寺となっている。

京成中山駅（昭和30年代）

半世紀以上も前の京成中山駅の姿で、相対式ホーム2面2線をもつ駅の外観はほとんど変わっていない。

提供：京成電鉄

見所スポット

京成中山駅（現在）

上り線側に設置されている京成中山駅の駅舎、改札口。構内踏切を使い、下り線側と連絡するスタイルである。

法華経寺

日蓮ゆかりの日蓮宗大本山で、文応元（1260）年の創立。境内にある鬼子母神も多くの人々の信仰を集めている。

京成中山駅（昭和32年）

現在は普通列車しか停車しないが、昭和32年までは準急と通勤急行が停車していた。写真は通勤急行京成上野行き。

撮影：石本祐吉

真間川の桜

真間川は江戸川から分かれて、東京湾に注ぐ全長8.5kmの河川。川べりには桜並木があり、春にはお花見の名所となる。

古地図探訪
昭和35年／鬼越、京成中山駅付近

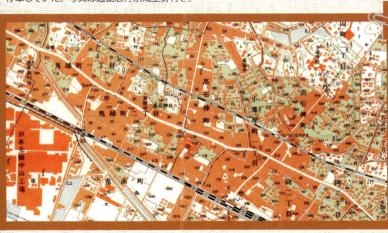

鬼越駅の西側には真間川が流れ、国道14号付近で南東に方向を変えている。駅南東に見える「卍」マークは神明寺である。一方、京成中山駅の北東側には、「卍」のマークが多数存在するが、日蓮ゆかりの法華経寺とその塔頭である。京成中山駅北西の鬼越駅との中間付近、京成本線の線路の南側には「高石神社」の表記と「卍」のマークが見える。このあたりは、神功皇后を祀る高石神社の存在から、古くは「高石神」村と呼ばれ、この地図上にも「高石神町」の地名が見える。現在も「高石神」の地名が残っている。国鉄（現・JR）下総中山駅とは、県道203号下総中山停車場線で結ばれている。

京成本線

押上線

金町線

千葉線・千原線

成田空港線

ひがしなかやま・けいせいにしふな
東中山・京成西船

中山競馬開催時の臨時駅からスタート。
開業時は葛飾駅、西船橋駅も近い。

東中山
開業年	昭和28(1953)年9月1日
所在地	船橋市東中山2-2-22
キロ程	21.6km(京成上野起点)
駅構造	橋上駅
ホーム	2面4線
乗降人員	6,964人

京成西船
開業年	大正5(1916)年12月30日
所在地	船橋市西船4-15-27
キロ程	22.2km(京成上野起点)
駅構造	地上駅
ホーム	2面2線
乗降人員	9,532人

東中山駅(昭和30年代)
中山競馬の開催日には大いに賑わった東中山駅の駅舎。橋上駅舎になる前の姿で、下り線側に設置されていた。
提供:京成電鉄

東中山駅(昭和60年代)
東中山駅の臨時出札所前に列を成す人々。中山競馬場のレース開催日には、多くのバスが運行され、駅前も大いに賑わった。
提供:京成電鉄

中山競馬場(昭和戦前期)
大正8(1919)年、県内の明村(現・松戸市)から中山村(現・市川市)に移転してきた中山競馬倶楽部(競馬場)。馬場の手前に下見場、厩舎が見える。

　「中山」といえば有名なのはJRA(日本中央競馬会)の中山競馬場である。現在はJR武蔵野線の船橋法典駅が開業して、アクセス方法が増加したとはいえ、競馬開催時にはこの東中山駅から競馬場に向かう道路を多くのファンが行き来する。
　駅の歴史は昭和10(1935)年10月、臨時駅の中山競馬場駅として設置されたことに始まる。昭和28(1953)年、常設駅となる際に現在の駅名に変わった。
　国道14号(千葉街道)を挟んで、JR総武本線の西船橋駅と連絡するのが、この京成西船駅である。大正5(1916)年12月に開業したときの駅名は「葛飾」だった。この駅名の由来は、当時存在していた「葛飾町(葛飾村)」によるが、昭和12(1937)年に合併により、船橋市の一部となった。その後、地名も「西船」と変わり、東京都に「葛飾区」が存在することから、昭和62(1987)年に現駅名になっている。駅の周辺には、現在も船橋市立葛飾小学校、葛飾中学校がある。また、駅の東側を西船橋駅から伸びるJR武蔵野線が通っている。
　一方、国鉄(現・JR)の西船橋駅は昭和33(1958)年開業と、比較的新しい駅である。当初は総武本線だけだったが、営団地下鉄(現・東京メトロ)東西線の開通に続き、昭和53(1978)年には武蔵野線が開業した。続いて京葉線が加わり、さらに東葉高速鉄道も開通して、連絡駅としての役割がより大きくなった歴史をもつ。

葛飾(現・京成西船)駅(昭和57年)
新しくなった葛飾駅の駅舎である。昭和44(1969)年には、国鉄(現・JR)西船橋駅に営団(現・東京メトロ)地下鉄東西線が乗り入れて、周辺の開発が加速された。

葛飾(現・京成西船)駅(昭和30年代)
改築される前の葛飾(現・京成西船)の駅舎。当時の利用者の数が反映された、小さな駅舎の姿があった。

葛飾(現・京成西船)駅に到着する列車(昭和36年)
大正5年開業の歴史ある葛飾駅。当初は東中山駅もなく、総武本線も下総中山駅の次は船橋駅であったため、当駅はかなりの存在感があった。

葛飾(現・京成西船)駅のホーム(昭和57年)
ローカル感にあふれていた葛飾駅だった頃のホーム。昭和62(1987)年に駅名改称され、施設も新しくなった。

古地図探訪
昭和30年／京成西船駅付近

この駅がまだ「葛飾」駅と呼ばれていた頃の地図であり、国鉄(現・JR)武蔵野線も開通していない。また、国鉄の西船橋駅も開業していない。当然のことながら、西船橋が誕生した付近は、見違えるように変わり、それにつられるように、京成本線の沿線も大きく変わった。駅南の勝間田池は姿を消して公園となり、その付近には葛飾幼稚園、船橋市役所出張所ができている。同じ千葉街道(国道14号)北側には、葛飾神社がそのまま残っている。

見所スポット

京成西船の駅名標(昭和63年)
京成西船に改称後、カッコ付きで旧駅名を表記していた。いまでも旧駅名を懐かしむ人は多い。

中山競馬場
JRA(日本中央競馬会)が運営する中央競馬競走の開催地のひとつ。春の「皐月賞」や暮れの「有馬記念」などのG1レースが開催される。

船橋高架水槽(給水塔)、行田公園
JR武蔵野線の線路近くにあり、行田団地、行田公園付近のランドマークとなっている。巨大な給水塔で、円形の美しいフォルムを保っている。

京成本線／押上線／金町線／千葉線・千原線／成田空港線

かいじん
海神

大正8年開業、一時は総武鉄道駅も。
2つの「海神」と日本武尊の伝説もある。

開業年	大正8(1919)年10月25日
所在地	船橋市海神5-1-22
キロ程	23.6km(京成上野起点)
駅構造	地上駅
ホーム	2面2線
乗降人員	4,719人

海神駅(昭和30年代)
立派な「海神駅」の看板が掲げられていた海神駅の小さな駅舎。駅舎に比べて広い出札口があり、下り線側に設けられていた。

海神駅(現在)
昭和56(1981)年に駅舎が改築され、上下線を結ぶ跨線橋が設けられた。このときに構内踏切は廃止されている。

海神駅(昭和57年)
海神駅の上り線ホームに京成上野行きの普通が停車している。前年に登場した跨線橋は真新しい姿を見せている。

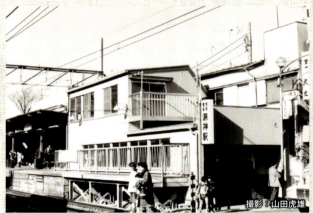

海神駅(昭和49年)
海神駅の周辺は高台で駅前の商店街も小規模。国府台から続いた松の木の多い住宅地の風景はこの付近で終わりを告げる。

　この海神駅まで総武本線の北側を走っていた京成本線は、この駅の先で交差して今度は南側を進むことになる。この海神駅は大正8(1919)年10月の開業である。その後、一時は総武鉄道(現・東武野田線)との接続駅となったものの、すぐに廃止されて単独駅に戻った。
　「海神」の地名、駅名の由来は、この地で海の神様を祀っていたことによるとされる。駅の南側には、入日神社(海神)と龍神社(西海神)の2つの神社が存在し、海側からの参道が設けられていた。また、日本武尊の東征にまつわる伝説も地名の由来として残されている。

正月の上り改札口(昭和49年)
賑わいを見せる海神駅の駅舎(上り線ホーム側)。振袖姿の若い女性がいる、昭和時代の正月風景だ。

京成の廃止駅②

白鬚線のコラムで紹介した向島駅も昭和22（1947）年に廃止されている。また、現在の押上2、3丁目付近にあった京成請地駅も昭和7（1932）年に開業したものの、同じく昭和22年に廃止されている。こうした駅はいずれも隣接する駅との距離が近く、京成線が千葉方面に延伸し、列車のスピードアップや列車編成長の増大による廃止だった。また、向島駅と荒川（現・八広）駅の間には都営地下鉄の向島検車区があったが昭和44（1969）年に閉鎖された。

京成請地駅跡付近（昭和33年）　撮影：石本祐吉

向島駅上り線ホーム跡（昭和39年）　撮影：石本祐吉

都営地下鉄向島検車区（昭和35年）　所蔵：フォト・パブリッシング

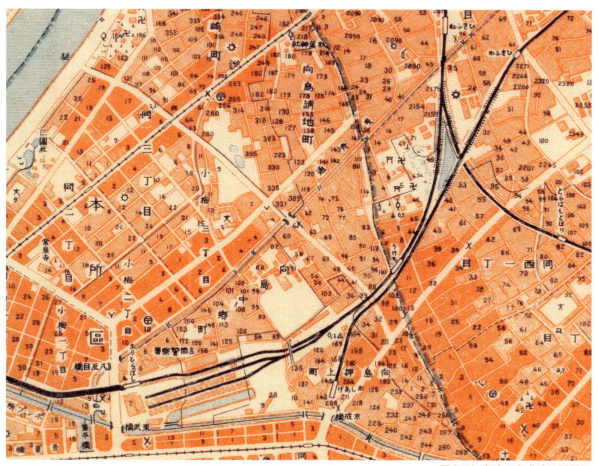
昭和5年当時の京成請地駅周辺

けいせいふなばし
京成船橋

人口60万人に発展した船橋市の中心地。
JR総武本線、東武野田線の船橋駅も隣接。

開業年	大正5(1916)年12月30日
所在地	船橋市本町1-5-1
キロ程	25.1km(京成上野起点)
駅構造	高架駅
ホーム	2面2線
乗降人員	93,256人

提供：京成電鉄

京成船橋駅（昭和30年代）
京成船橋駅の下り線ホームに設置されていた売店。当時としては立派な店構えで、主要駅で利用者が多かったことがわかる。

提供：京成電鉄

京成船橋駅（昭和30年代）
大踏切側から見た京成船橋駅の全景。左が上り線、右が下り線（京成成田方面）で、駅舎の構造も微妙に異なっていた。

撮影：荻原二郎

京成船橋駅のホーム（昭和31年）
100形2両編成の押上行きが京成船橋駅に停車している。駅付近に高い建物がなかった頃の風景である。

撮影：石本祐吉

京成船橋駅（平成10年）
連続立体化（高架）工事真っ最中の京成船橋駅。平成4(1992)年に始まった工事は長い期間にわたって続けられていた。

人工60万人を超える都市に成長した船橋市の中心にあり、JR船橋駅と連絡する位置にある。歴史をひもとけば、東に延びてきた京成本線は大正5(1916)年12月、中山（現・京成中山）〜船橋（現・京成船橋）間が開通し、この駅が誕生した。その後、大正10(1921)年に千葉（現・千葉中央）まで延伸するが、5年間はこの船橋駅が千葉側の終着駅だった。

「船橋」の地名、駅名の由来は、かつては川幅の広かった海老川に小舟を浮かべて繋ぎ、「船橋」を作ったことによる。

江戸時代には宿場町、集積場として栄えた。明治22(1889)年に海神村・五日市村・九日市村が合併して船橋町が成立。昭和12(1937)年にこの船橋町に葛飾町・法典村などが加わり、船橋市が誕生している。

JR船橋駅は明治27(1894)年に総武鉄道（現・総武本線）の駅として開業し、その後、国鉄駅となった。大正12(1923)年に北総鉄道（現・東武野田線）の船橋駅が開業し、連絡駅となっている。

京成船橋駅（昭和60年代）
踏切付近で待つ大勢の人がいる京成船橋駅。高架前は開かずの踏切として知られていた。

提供：京成電鉄

撮影：山田虎雄

京成船橋駅のホーム（昭和57年）
京成船橋駅の上り線ホームで、列車を待つ人々。上野行きの特急列車がやってきた。地上駅だった頃の風景である。

撮影：山田虎雄

京成船橋駅（昭和57年）
京成船橋駅の改札口付近、自動券売機前に並んだ人々。両替機の備えもあり、駅の近代化が少しずつ進んでいた。

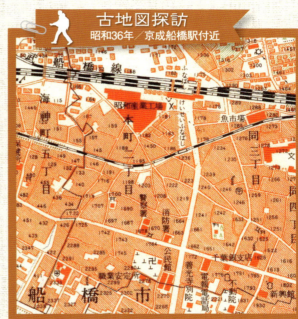

古地図探訪
昭和36年／京成船橋駅付近

京成船橋駅の所在地は船橋市本町1丁目、国鉄（現・JR）船橋駅の所在地は同7丁目で、「本町」であるこの付近が「船橋」の中心地である。両駅の中間付近、この地図上に「昭和産業工場」がある場所は現在、西武船橋店となっている。食用油やてんぷら粉のブランドとして知られる昭和産業の船橋工場は、日の出2丁目に移転した。また、その東の魚市場（地方卸売市場）も市場1丁目に移転している。駅の東側を走るのは、千葉県道39号船橋停車場線である。

京成船橋駅（現在）
平成18（2006）年に高架化された京成船橋駅。平成21（2009）年には商業施設「ネクスト船橋」も開業した。

見所スポット

船橋漁港
月1回開かれる朝市で知られる船橋市内の漁港。市が運営する水産物直売所「三番瀬みなとや」が平成25（2013）年にオープンしている。

ふなばし三番瀬海浜公園
船橋市立の海浜公園で、テニスコート、野球場、レストランなどの施設がある。富士山を見るスポットとしても知られ、潮干狩りも楽しめる。

船橋市立夏見総合運動公園
船橋市夏見台にある公立の公園で、昭和40（1965）年に開設された。野外プールは冬期にはスケート場として使用される。

京成本線 / 押上線 / 金町線 / 千葉線・千原線 / 成田空港線

大神宮下・船橋競馬場

だいじんぐうした・ふなばしけいばじょう

大正10年開業、船橋大神宮の最寄り駅。
競馬、オートレースのファンが目指す。

大神宮下

開業年	大正10(1921)年7月17日
所在地	船橋市宮本2-9-9
キロ程	26.4km（京成上野起点）
駅構造	高架駅
ホーム	2面2線
乗降人員	4,190人

船橋競馬場

開業年	昭和2(1927)年8月21日
所在地	船橋市宮本8-42-1
キロ程	27.2km（京成上野起点）
駅構造	橋上駅
ホーム	2面4線
乗降人員	18,718人

大神宮下駅（昭和30年代）
高架駅になる前の大神宮下駅は、相対式ホーム2面2線をもつ地上駅だった。改札口のボックスに立つ駅員の姿がなつかしい。

提供：京成電鉄

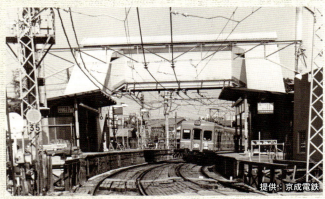

大神宮下駅（昭和60年代）
地上駅だった頃の大神宮下駅の全景。左が上り線、右が下り線のホームで、成田空港行きの特急列車が通過する。

提供：京成電鉄

大神宮下駅（現在）
大神宮駅は平成16(2004)年に上り線、平成18(2006)年に下り線ホームが高架化された。現在も普通列車のみが停車する。

　この大神宮下駅の駅名の由来となった「大神宮」とは、「船橋大神宮」と呼ばれる意富比（おおひ）神社である。駅の北にあるこの神社は天照皇大神を主祭神とし、景行天皇40(110)年創建と伝わる古社である。また、「夕日の宮」として多くの人々の信仰を受け、平将門、源頼朝らが寄進を行ったという。駅の開設は大正10(1921)年7月である。

　船橋競馬場駅は、公営（地方）競馬の開催が行われる、船橋競馬場の最寄り駅である。また、もうひとつの公営ギャンブル場、船橋オートレース場もその南にあり、レースの開催日には賑わいを増す駅となっている。

　ところで、この駅付近にはもうひとつ、「船橋ヘルスセンター」があった。海岸の埋立地に造られた大型のレジャー施設で、人工温泉を中心に屋外プールや遊園地、野球場、演芸場なども備え、大人も子どもも楽しめる場所だった。昭和30(1955)年に開設され、昭和52(1977)年に閉鎖されるまで、関東一円から多くの入場者を集めた。

　こうした施設の開設などで、駅の名称も何度も変化している。昭和2(1927)年の開業時は花輪駅で、昭和6(1931)年に京成花輪駅、昭和25(1950)年に船橋競馬場前駅となった。昭和38(1963)年にはセンター競馬場前駅と変わったが、昭和62(1987)年からは現在の駅名を使用。なお、船橋ヘルスセンターの跡地は「ららぽーとTOKYO-BAY」となった。

船橋競馬場駅（昭和30年代）
競馬場の最寄り駅として、複数の改札口が設けられていた船橋競馬場駅。船橋ヘルスセンター開場後は、さらに多数のレジャー客を迎えることになる。

提供：京成電鉄

船橋競馬場駅（現在）
現在の船橋競馬場駅は昭和49（1974）年に東に約150m移動し、島式ホーム2面と橋上駅舎をもつ駅となった。

撮影：荻原二郎

センター競馬場前（現・船橋競馬場）駅（昭和45年）
昭和38（1963）年、センター競馬場前駅に改称した。駅舎の構造はそのままだが、外観は新しくなっている。

古地図探訪
昭和36年／大神宮下駅付近

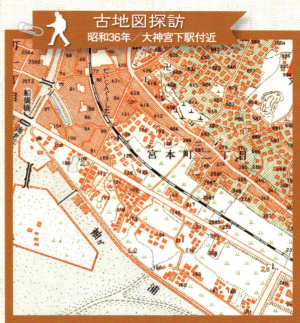

このあたりが海岸線に近い頃の地図であり、現在の「袖ヶ浦市」ではないが、「袖ヶ浦」の地名が見える。埋立地を東西に貫く「京葉道路」はまだ誕生していない。南側の埋立地にはその後、船橋ファミリータウンが開発され、船橋市立浜町保育園が開園している。また、北側には駅名の由来となった「船橋大神宮（意富比神社）」があり、同方向には「卍」マークの寺院、東光寺もある。さらにその東側には、市立宮本小学校（文マーク）が記されている。

撮影：山田虎雄

センター競馬場前（現・船橋競馬場）駅（昭和49年）
成田空港が開講する前は特急として使用され参詣客輸送に尽力したＡＥ形。栗色とクリームのツートンカラーはかつての「開運号」のシンボルカラーである。

見所スポット

船橋大神宮
正式な名称は「意富比（おおひ）神社」だが、「船橋大神宮」の名で親しまれている。秋の例祭では、奉納相撲（素人相撲）が行われる。

船橋オートレース
日本で6つある公営ギャンブル、オートレース場のひとつ。レース開催時には、船橋競馬場駅から無料送迎バスが運行されている。

ららぽーとTOKYO-BAY
昭和56（1981）年、船橋ヘルスセンターの跡地に誕生した大型のショッピングセンター。ハワイのアラモアナセンターをモデルにしたといわれる。

京成本線／押上線／金町線／千葉線・千原線／成田空港線

やつ
谷津

開業時は谷津海岸駅、谷津遊園駅の時代も。
バラ園、干潟の存在、花や鳥に親しむ。

開業年	大正10(1921)年7月17日
所在地	習志野市谷津5-4-5
キロ程	28.2km(京成上野起点)
駅構造	橋上駅
ホーム	1面2線
乗降人員	11,188人

谷津遊園(現・谷津)駅のホーム(昭和30年代)
駅舎、改札口に続いていた上り線のホーム。下り線ホームには階段、構内踏切を使って連絡していた。

谷津遊園(現・谷津)駅(昭和30年代)
国道14号(千葉街道)に面して建てられていた「谷津遊園」駅の駅舎(本屋)。「谷津遊園」にあったバラ園、ビーチハウスなどのレジャー施設を示す看板が目立つ。

谷津遊園(現・谷津)駅(昭和38年)
下りホームに停車する準急京成成田行き。夏休みの日曜日の光景であり、海水浴場も備えた谷津遊園は盛況で親子連れの姿が多い。
撮影：石本祐吉

古地図探訪
昭和36年／谷津駅付近

この当時の駅名は「谷津遊園」であり、京成が直営していた広大な「谷津遊園」が駅南にあり、「ジェットコースター」の施設が見える。現在、この南側には遊園地の跡地を開発した住宅地で広がり、遊園地の名残りとして「谷津バラ園」が開園している。さらに南側には「谷津干潟」が残されたが、その先は埋立地となって、京葉道路、東関東自動車道(東京湾岸道路)が開通している。JRの京葉線が開通して、南船橋駅が開業したのは、昭和61(1986)年である。

谷津駅(昭和60年代)
谷津駅は地上駅だが、崖のせり出した土地にあるため、南側の入り口は、国道14号の道路上の歩道橋に続く形になっている。

提供：京成電鉄

　谷津駅も名称が度々変化した駅である。大正10(1921)年7月の開業時は谷津海岸駅。その後、京成による谷津遊園の開園で支線が生まれ、そこに谷津遊園地駅が誕生したが、支線の廃止により、昭和11(1936)年からはこの駅が谷津遊園駅と名乗ることになった。太平洋戦争中は谷津海岸駅に戻り、昭和23(1948)年からは再び谷津遊園駅に。そして、谷津遊園の閉鎖により、昭和59(1984)年から現駅名になった。

　駅の南側にあった谷津遊園は、大正14(1925)年に開園した。元は塩田だった場所に、潮干狩りや海水浴のできる遊園地ができ、一時は野球場や映画撮影場も開設された。しかし、東京ディズニーランドの開園計画などの影響もあり、昭和57(1982)年に閉園した。跡地はマンション、住宅地に変わったが、一部は習志野市の運営する「谷津バラ園」として残されている。

谷津遊園と谷津支線

　京成線の沿線には向島百花園や堀切菖蒲園、小岩菖蒲園など花の名所が多いが、かつては千葉方面に花をメイン・テーマとした一大遊園地が存在した。それが谷津遊園（地）である。

　ここは京成電鉄が大正14（1925）年に開いた直営の施設で、開園当初は「京成遊園地」と呼ばれていた。もとは東京湾の塩田地を埋め立てて遊園地にしたもので、昭和戦前期には、阪東妻三郎による撮影所なども開設された。コークスクリューや豆汽車、海上ジェットコースターなど、大小さまざまな娯楽施設を備えた千葉の一大レジャー施設として、家族連れやカップルにも人気があったが、東京ディズニーランドの計画もあって、昭和57（1982）年に閉園している。

　その跡地はほとんどが住宅地に転化されたが、名物だったバラ園は閉鎖を惜しむ声があり現在も残されている。谷津バラ園は昭和32（1957）年に開園し、当時は東洋一の規模を誇った。昭和40（1965）年、京葉道路の開通で場所が移転、最盛期には1200種以上のバラが栽培されていた。現在は習志野市の都市公園として通年で公開されている。また、その南には東京湾に残る数少ない干潟である、谷津干潟が広がっている。ここは多くの野鳥が訪れる場所で、ラムサール条約登録地となっている。

　谷津支線は京成花輪（現・船橋競馬場）～谷津遊園地間の1.2kmで昭和2（1927）年に開業。複線で建設されたもの昭和6年頃には単線化された。しかし谷津海岸（現・谷津）からの道が整備され、存在理由も薄れたため昭和9（1934）年に廃止された。周辺開発の進行が激しいため、廃線の痕跡を辿るのは困難である。

谷津遊園全景（昭和戦前期）
海に開かれた広大な遊園地だった谷津遊園。春から夏にかけては潮干狩り、夏には海水浴が楽しめる場所だった。

谷津バラ園
谷津遊園内にあったバラ園は、習志野市に受け継がれて、昭和63（1988）年から「谷津バラ園」として公開されている。

谷津干潟
東京湾に残された約40ヘクタールの谷津干潟には、飛来する野鳥を観察できる自然観察センターが開設されている。

けいせいつだぬま

京成津田沼

開業年	大正10(1921)年7月17日
所在地	習志野市津田沼3−1−1
キロ程	29.7km（京成上野起点）
駅構造	地上駅
ホーム	3面6線（新京成電鉄含む）
乗降人員	56,037人

京成の千葉線と新京成電鉄も乗り入れる主要駅。
津田沼の地名は、3村名から一字ずつ。

京成津田沼駅（昭和30年代）
本線、千葉線の分岐駅で新京成との連絡駅であるため乗り換え客で賑わった。京成成田行きの車両はモハ200形で青電の基礎を築いたスタイルをしていた。

撮影：竹中泰彦

撮影：石本祐吉

津田沼車庫（昭和43年）
左の車両は赤電の3200形、その右は新京成126形、あとは青電の面々。画面の左端は津田沼工場である。

京成津田沼駅（現代）
沿線主要駅のひとつ、京成津田沼駅は島式ホーム3面6線を有する地上駅で、橋上駅舎をもつ。駅の目の前に習志野市役所分室がある。

　京成本線のほか、京成千葉線、新京成線が乗り入れる沿線の主要駅である。開業は大正10(1921)年7月で、当時の駅名は「津田沼」だった。大正15(1926)年に京成本線が酒々井（現・京成酒々井）まで延長、昭和28(1953)年には新京成線が開業した。その間、この駅も昭和6(1931)年に京成津田沼駅と改称している。

　「津田沼」の地名（駅名）は、明治22(1889)年の町村合併により、新しくできたものである。合併前の主要な村だった「谷津」「久々田」「鷺沼」からそれぞれ一字ずつを取ったものである。駅の南には習志野市役所があり、また、鷺沼氏の居城だった「鷺沼城跡公園」も存在する。また、北西には千葉工業大学のキャンパスが広がるが、ここはかつて陸軍の鉄道第二連隊が置かれていた場所である。

　一方、北側にはJR総武本線の津田沼駅があり、連絡駅として新京成電鉄の新津田沼駅が近い。津田沼駅は明治28(1895)年に総武鉄道の駅として開業している。現在もイトーヨーカドーやパルコ、モリシアが進出したJR津田沼駅周辺の賑わいが増している。

提供：京成電鉄

京成津田沼駅（昭和30年代）
閑散としている京成津田沼駅のホーム。4番線千葉方面、5番線新京成線と示す看板が掲げられている。

撮影：荻原二郎

京成津田沼駅（昭和14年）
昭和13年に製造されたモハ300形は窓が大きく軽快なスタイルであった。昭和28年に新京成に譲渡された。

撮影：山田虎雄

京成津田沼駅（昭和47年）
4番線で発車を待つ普通京成大和田行き。現在でも京成大和田行きの設定はあるが少数であり普通の大多数は京成臼井行きである（表記はうすい）。

撮影：荻原二郎

京成津田沼駅（昭和43年）
改築される前の京成津田沼駅の木造駅舎は広い構内、ホームに比べて、こぶりな印象があった。

撮影：石本祐吉

京成津田沼駅（昭和38年）
1番線ホームから撮影したアングル。2番線を通過する京成成田行き開運号と右手奥の5番線に停車している新京成電車。

古地図探訪
昭和36年／京成津田沼駅付近

京成津田沼駅の南東に存在する習志野市の市庁舎は現在、駅前の京成津田沼駅前ビル2〜4階を仮庁舎として使用し、新庁舎の建設計画が進められている。京成津田沼駅からS字カーブを成して北に進んでゆく新京成線の線路は、陸軍鉄道連隊の演習線だったことの名残りである。地図上の菊田川は姿を消したが、菊田神社のそばには「菊田水鳥公園」が開園している。この公園では、コクハクチョウやマガモなどを観察することができる。

見所スポット

鷺沼古墳（群）
京成津田沼駅の南、八剣台と呼ばれる鷺沼城址公園内にある。6世紀後半の前方後円墳で、A号墳とB号墳の石棺が保存されている。かつてはより多くの古墳が存在していたと推定されている。

京成本線／押上線／金町線／千葉線・千原線／成田空港線

けいせいおおくぼ・みもみ

京成大久保・実籾

戦前の軍都は大学キャンパスに変貌。
窪地だった大久保、籾も豊富に実る。

京成大久保

開業年	大正15(1926)年12月9日
所在地	習志野市大久保3-10-1
キロ程	32.1km(京成上野起点)
駅構造	地上駅
ホーム	2面2線
乗降人員	32,503人

実籾

開業年	大正15(1926)年12月9日
所在地	習志野市実籾1-1-1
キロ程	34.0km(京成上野起点)
駅構造	橋上駅
ホーム	2面2線
乗降人員	23,366人

京成大久保駅(昭和30年代)
文房具、雑貨などを扱う、よろず屋風の店舗がある京成大久保駅付近の風景。左手奥には広いタクシー乗り場があった。
提供:京成電鉄

京成大久保駅(昭和30年代)
シンプルな構えの京成大久保駅の駅舎とホーム。駅舎の壁とともに線路の枕木、ホームの土台に時代の古さが感じられる。
提供:京成電鉄

京成大久保駅(現在)
現在の京成大久保駅にも上り線、下り線のそれぞれに駅舎、ホームがある。この駅舎、改札口は上り線、京成上野方面のもの。

　京成本線も京成津田沼駅を過ぎると次第に駅間の距離が長くなっている。次の京成大久保駅は大正15(1926)年12月の開業である。当時の駅名は「大久保」で、昭和6(1931)年に現在の駅名に改称された。

　戦前、このあたりは「軍都(軍隊の都)」といわれた「習志野」の中心のひとつで、騎兵第十五、十六連隊、戦車第二連隊、騎兵学校などが置かれていた。そうした施設の跡地には戦後の一時期、企業誘致が行われた時期もあったが、現在は住宅地や大学などの学校に変わっている。日本大学生産工学部、東邦大学薬学部・理学部の最寄り駅である。

　「実籾」の地名、駅名の由来は「御籾」から来ており、農作物が豊かに実り、京都の御所に献上していた場所ともいわれる。また、豊作を祈る思いや、西北にある二宮神社と関係があるともいわれる。駅の開設は京成大久保駅と同じく、大正15年12月である。この駅付近にも、日本大学生産工学部の実籾キャンパスが開かれている。

実籾駅（昭和30年代）
橋上駅舎になる前の実籾駅、簡素な駅舎の姿。上り線ホームの京成成田寄りに設けられていた。
提供：京成電鉄

実籾駅のホーム（昭和30年代）
夏姿のサラリーマン風の男性が多数、電車を待つ実籾駅のホーム。列車がホームに入ろうとしている。
提供：京成電鉄

実籾駅（昭和戦前期）
実籾駅のホームに停車している成田行きの普通電車。先頭の車両は昭和8（1933）年に製造されたクハ500形か、翌年増備の510形。
所蔵：柏木崇人

古地図探訪
昭和34年／実籾駅付近

太平洋戦争前は軍用地の多かった実籾駅周辺では戦後、それらが工場などに変わっていたが、この地図上で駅の西北に広がる工場用地は、日本大学生産工学部実籾キャンパスになっている。その東側には大原野神社が存在する。また、実籾駅の南西には、真言宗豊山派の寺院、無量寺があり、「習志野七福神」の寿老人を祀る寺として知られる。その南にある実籾交差点では、千葉県道57号千葉鎌ヶ谷松戸線、県道69号長沼船橋線が交わっている。

実籾駅（平成初期）
橋上駅舎の建設工事が行われていた頃の実籾駅。この工事は平成8（1996）年3月に完成した。
提供：京成電鉄

見所スポット

二宮神社（船橋・三山）
弘仁年間（810～823）の創建と伝わる古社で建速須佐之男命、大国主命らを祀る。梨の妖精のゆるキャラ「ふなっしーお守り」が話題になっている。

京成本線　押上線　金町線　千葉線・千原線　成田空港線

やちよだい
八千代台

昭和31年に開業、団地の最寄り駅。
給食でおなじみ、コーシン乳業の牧場も。

開業年	昭和31(1956)年3月20日
所在地	八千代市八千代台北1
キロ程	36.6km(京成上野起点)
駅構造	橋上駅
ホーム	2面4線
乗降人員	47,124人

八千代台駅（昭和30年代）
ロータリーが設けられている八千代台駅の駅前広場。初代の駅舎は、団地が建設されていた西口側に置かれていた。
提供：京成電鉄

八千代台駅の改札口（昭和30年代）
八千代台駅が開設された頃の出札口および改札口。「大和田、佐倉、成田」方面の西口に続き、ホーム越には雑木林がそのまま残っていた。
提供：京成電鉄

八千代台駅の仮設駅舎（昭和31年）
団地開設とともに駅が建設され、開業時には仮駅舎でのスタートとなった。遊園地にあった切符売り場のような建物である。
撮影：石本祐吉

八千代台駅（昭和60年代）
昭和44(1969)年に橋上駅舎となった八千代台駅。手前がタクシーが見える東口で、反対側の西口には商業施設アピアが建つ。
提供：京成電鉄

　船橋市、習志野市と進んできた京成本線は、ここから八千代市に入る。この「八千代」という地名は、比較的新しく、昭和29(1954)年に大和田町と睦村が合併する際に公募で選ばれたものである。その後、昭和30(1955)年から日本住宅公団（現・UR）により日本初の大規模住宅団地「八千代台団地」の建設が始まり、昭和31(1956)年3月、八千代台駅が開業した。
　それ以前、このあたりは「習志野原」と呼ばれ、戦前には陸軍の施設が数多く存在していた。その跡地のひとつは、駅北西に広がる「陸上自衛隊習志野駐屯部隊演習地」となっている。

　少し距離は離れているが、東京や千葉の人々にはなじみの深い興真（コーシン）乳業の工場があるのは、八千代台駅の北側である。明治39(1906)年、東京都小石川区（現・文京区）の牧場、牛乳店としてスタートし、現在は牛乳のほか、果汁飲料、ヨーグルトなど幅広い食品を生産するこの会社は、昭和3(1928)年から、八千代市（当時・大和田町）に大規模な牧場を開いている。現在は八千代市大和田新田に八千代事業所と千葉工場が置かれている。

八千代台付近（昭和60年代）
新興住宅地として発展しつつあった八千代台駅の周辺。昭和42（1967）年に市制がしかれている。駅に向かう列車が見える。
提供：京成電鉄

八千代台駅（現在）
現在の八千代台駅は他線との接続のない京成の駅としては最多の乗降人員があり、モーニングライナー、イブニングライナーも停車する。

八千代台（昭和30年代）
宅地開発の途上だった頃の八千代台駅周辺で、まだまだ「習志野原」の風景が残っていた。
提供：京成電鉄

古地図探訪　昭和34年／八千代台駅付近

京成本線の線路を境にして、北東、南東側では対照的な土地利用が成されていた頃の八千代台駅周辺の地図である。早くから宅地開発が成された北東側では、駅から放射状に道路が伸び、昭和32（1957）年に八千代町立（当時）八千代台小学校が置かれていた。一方の南西側では、まだ農地がそのまま残されていたが、その後に次々と宅地開発がなされ、昭和52（1977）年には駅前ショッピングセンターのユアエルム1号店（八千代台店）が開店している。

八千代台駅のホーム（昭和44年）
橋上駅舎の建設工事が始まった頃の八千代台駅のホーム。京成上野行きの急行列車が停車している。
撮影：石本祐吉

京成バラ園
年間を通して、1500品種1万株のバラを中心にした草花、樹木を鑑賞できるローズガーデン。コンサート、展示会も開催される。

京成本線／押上線／金町線／千葉線・千原線／成田空港線

45

けいせいおおわだ
京成大和田

開業年	大正15(1926)年12月9日
所在地	八千代市大和田308
キロ程	38.7km(京成上野起点)
駅構造	地上駅
ホーム	2面2線
乗降人員	12,201人

大正15年の開業当時は大和田駅。
「大和田」の地名、駅名は全国各地に。

京成大和田駅（昭和30年代）
吹き抜けになっている京成大和田駅の入り口。奥には出札口、改札口とホームに続く階段がのぞく。上りホーム側に設置されていた。

提供：京成電鉄

京成大和田駅（平成23年）
駅周辺で再開発工事が行われていた京成大和田駅。この付近には、コンビニエンスストアと交番が建設されていた。

撮影：石本祐吉

古地図探訪
昭和34年／京成大和田駅付近

京成大和田駅（現在）
上り線側に設けられている京成大和田駅の駅舎。利用者の数は京成線全体では中程で、快速と普通が停車する駅となっている。

このあたりの京成本線は、八千代町（現・八千代市）内を真っ直ぐに北西に進んでおり、その南には千葉郡（現・千葉市花見川区）との境界がある。この当時、京成大和田駅付近には、「小板橋」の地名が見えるが、現在は「大和田」と変わっている。駅の北にある鳥居マークは、当時の地名の名残りを残す「小板橋時平神社」である。駅の西側を走るのは千葉県道201号大和田停車場線で、現在、その西側には大和田図書館、八千代市教育委員会が置かれている。

　隣りの八千代台と勝田台が戦後にできた比較的新しい駅であるのに対して、この京成大和田駅は大正15(1926)年12月開業で、この区間が延伸したときから存在していた古参の駅である。開業当初は「大和田」で、昭和6(1931)年に現在の駅名に変わった。
　この大和田は、江戸時代以前から成田街道の宿場町として栄えた場所で、江戸時代からあった大和田村は、明治24(1891)年に大和田町となり、町村合併によって八千代市が成立するまで存在していた。「大和田」という地名は、全国に存在し、「和田」とは川の曲がった入江という意味とされる。また、大和田駅も北海道のJR駅のほか、埼玉の東武野田線、大阪の京阪電鉄などにも存在している。

京成大和田駅のホーム（昭和57年）
かつては成田方面の沿線各地から東京へと、野菜などを運ぶ行商の人々が多く利用していた。専用列車や専用車の運行も行われていた。

京成大和田駅（昭和62年）
京成大和田駅の全景。左の側線は行き止まりで保線機械の車庫となっている。駅の所在地は八千代市であるが千葉市花見川区とも近接している。

新京成電鉄

　新京成電鉄は戦後に誕生した比較的新しい私鉄である。戦前においては陸軍鉄道連隊の演習線だった路線を利用して、昭和22（1947）年にまず、新津田沼〜楽園台間が開通した。その後、次々と路線を伸ばし、昭和30（1955）年に京成津田沼〜松戸間の全線が開業した。開業当時は1067㎜の狭軌だったが、昭和28（1953）年に全線1372㎜に改められ、昭和34（1959）年にはさらに1435㎜に改軌された。

　現在は京成グループの一員で、関東では唯一、準大手私鉄に分類されている。新京成線26.5kmのうち、京成津田沼と新鎌ヶ谷で京成線と連絡するほか、新津田沼・八柱・松戸でJR線、また、新鎌ヶ谷で東武・北総線、北習志野で東葉高速線と連絡している。本社は、くぬぎ山駅前（鎌ケ谷市）に置かれている。

京成幕張本郷駅を発車する新京成の車両（平成26年）
京成千葉線に乗り入れた8800形。現在、新京成の車両は写真のジェントルピンクを基調にした塗色に変更が進んでいる。

新津田沼付近の800形（昭和46年）
新京成の自社発注車の第二弾として登場したカルダン駆動車。この車両から18mに大型化され同社の最大勢力となった時期があった。

廃止直前の藤崎台駅（昭和43年）
京成津田沼〜前原間は何度も路線変更がなされ、新津田沼駅も3回移転した。現在の新津田沼駅（四代目）を開設し藤崎台駅は昭和43年に廃止された。

かつただい
勝田台

開業は昭和43年、東葉高速線と連絡。
千葉県住宅供給公社が勝田台団地を造成。

開業年	昭和43(1968)年5月1日
所在地	八千代市勝田台1-8-1
キロ程	40.3km（京成上野起点）
駅構造	地上駅
ホーム	2面2線
乗降人員	54,103人

勝田台駅（昭和43年）
開業当日の勝田台駅。この時点では、上り線ホーム側に仮駅舎が設けられていた。既に2台の自動券売機も設置されていた。

撮影：石本祐吉

勝田台駅（昭和60年代）
勝田台団地線の路線バスが停車している勝田台駅の駅前風景。この当時は写真のような橋上駅舎が使用されていた。

提供：京成電鉄

勝田台駅（昭和60年代）
橋上駅舎の前には、バス停、タクシー乗り場、自転車置き場が整備されている。ズラリと並んだ自転車で、駅の利用者が多いことがわかる。

　京成大和田駅から千葉県花見川区の境をかすめるように走ってきた京成本線は、再び八千代市内に入って勝田台駅に到着する。ここは東葉高速鉄道東葉高速線の終着駅である東葉勝田台駅との接続駅で、地下通路により連絡している。この駅の開業は昭和43(1968)年5月で、当初は橋上駅舎をもつ駅構造だったが、東葉高速線開業後の平成9(1997)年にコンコースと改札口が地下に変わった。

　「勝田台」という地名は、江戸時代から勝田村が存在したことによる。「勝田」の「勝（かち、かつ）」は崖（がけ）を表し「た（処）」と合わせて、崖地であったことを示している。もともとは竹藪などがある土地だったが、昭和40年代前半から、千葉県住宅供給公社による駅南側の勝田台団地の開発が行われ、その後に駅周辺を含めて次々と宅地化が進んでいった。

開業間近の勝田台駅（昭和43年）

建設中の勝田台駅を通過する京成上野行き準急。この撮影された翌々月に勝田台駅は開業したがその後、躍進し、今や八千代台駅をしのぐ乗降客数となっている。

撮影：石本祐吉

勝田台駅（現在）

平成9（1997）年に現在のような姿になった勝田台駅。改札口とコンコースは地下に設置され、1階には飲食店などが入っている。

提供：京成電鉄

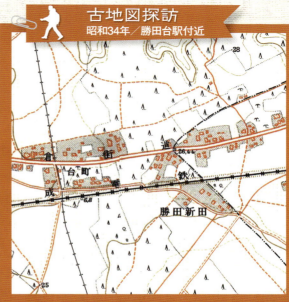

古地図探訪
昭和34年／勝田台駅付近

京成本線に勝田台駅が誕生する前の地図であり、当然のことながら、東葉高速線は開業していない。京成本線の線路沿いにも農地が広がり、拓かれた「勝田新田」の文字が見える。北側を走る佐倉街道（国道296号）沿いには、集落が続く様子がわかる。この当時、南北に走る道路はなく、現在の勝田台駅周辺の道路整備も手つかずの状態だった。その後、勝田台駅を中心に周辺は宅地開発され、南側には県立八千代高校、勝田台図書館などが誕生している。

見所スポット

勝田台中央公園

昭和46（1971）年に開園し、一昨年にリニューアルされた。新たな施設として、小体育館が建設されている。

京成本線／押上線／金町線／千葉線・千原線／成田空港線

しづ・ゆーかりがおか

志津・ユーカリが丘

志津駅付近には、成田街道の石碑が残る
ユーカリが丘駅には、新交通システム線。

志津

開業年	昭和3(1928)年3月18日
所在地	佐倉市上志津1669
キロ程	42.1km(京成上野起点)
駅構造	地上駅
ホーム	2面2線
乗降人員	16,660人

ユーカリが丘

開業年	昭和57(1982)年11月1日
所在地	佐倉市ユーカリが丘4-8-2
キロ程	43.2km(京成上野起点)
駅構造	橋上駅
ホーム	2面3線
乗降人員	21,653人

志津駅(昭和30年代)
現在のような橋上駅舎が完成する前の志津駅の駅舎である。ローカルな雰囲気を漂わせる木造駅舎が使用されていた。

提供：京成電鉄

撮影：荻原二郎

志津駅(昭和46年)
建設当初から曲線駅だったが、編成長大化によるホーム延伸でさらに大きくカーブを描くホームになった志津駅。

提供：京成電鉄

志津駅(昭和60年代)
このアングルからも奥がカーブしている様子がわかる。1番線に近づいている列車は初代AE形。点字ブロックはまだ未設置。

志津駅(現在)
昭和56(1981)年から、現在のような橋上駅舎が使用されている志津駅。通勤特急、快速、普通が停車する。

　勝田台駅を出ると、電車はまもなく佐倉市に入る。最初の駅は志津駅で、昭和3(1928)年3月の開業である。このあたりの京成本線は国道296号(成田街道)の南を並行するように通っている。志津駅の西側、井野付近には成田山とゆかりの深い、歌舞伎役者の七代目市川団十郎が建てた石碑と、常夜灯が残されている。また、「加賀清水」という良質の湧水があり、旅人ののどを潤したという。「志津」は千葉氏の一族だった志津氏の居城があった場所で、駅南西に志津城跡が残っている。

　ユーカリが丘駅は昭和57(1982)年11月に開業した新しい駅である。この駅からは不動産会社の山万が運営するラケット型の新交通システム「山万ユーカリが丘線」が北に伸びている。
　「ユーカリが丘」の地名、駅名は、この山万が昭和46(1971)年から開発を始めたニュータウンで、地名の由来は緑豊かな街を目指して、ユーカリの植樹が行われたことによる。現在は地名にも採用されているが、付近には「井野」「井野町」のような古くからの地名も残されている。

ユーカリが丘駅（昭和57年）
開業当時のユーカリが丘駅で、左にユーカリが丘線、右に京成電鉄の文字が見える。「祝新設開業」の看板、花輪の姿も。

所蔵：フォト・パブリッシング

ユーカリが丘線（現在）
3両編成で、かわいいコアラたちが描かれているユーカリが丘線。4.1kmの路線に6つの駅が設けられている。

提供：京成電鉄

ユーカリが丘駅（昭和60年代）
典型的な橋上駅であるユーカリが丘駅。上下線とも外側に待避線のスペースはあるが、使用されているのは上り線のみ。

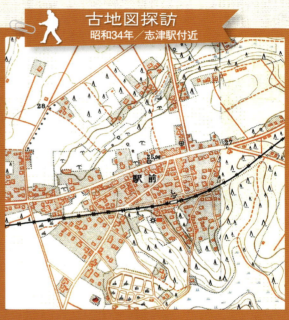

古地図探訪
昭和34年／志津駅付近

京成本線の北側を走る国道296号とともに、駅前から南東に伸びる道路が整備され、道路沿いには住宅の姿が目立ちだした頃の志津駅周辺の地図である。一方、その先、北東側のユーカリが丘駅は誕生しておらず、北に向かう山万ユーカリが丘線も開通していない。線路の南側、「上志津」の文字が見えるあたりの「文」マークは、佐倉市立上志津小学校である。一方、北側にある「文」マークは、佐倉市立志津中学校である。

ユーカリが丘駅北口（現在）
ユーカリが丘駅の北口付近。ペデストリアンデッキにより、駅とホテル、商業施設などが結ばれている。

撮影：山田虎雄

ユーカリが丘線（昭和57年）
3両編成で運転されていた山万ユーカリが丘線、開業当時の姿である。現在は3両編成3本の「こあら号」が在籍している。

佐倉の常夜灯
志津駅の西、国道296号（佐倉街道）の井野交差点付近にある。七代目市川団十郎が建立した成田山道標も残されている。

旧志津小学校青菅分校跡
古き良き時代の郷愁が漂う廃墟スポットとして知られる。分教場として出発した分校は、昭和52（1977）年に廃校になっている。

けいせいうすい

京成臼井

成田街道の宿場町、臼井町は佐倉市へ。
ミスター巨人軍、長島茂雄氏の故郷。

開業年	大正15（1926）年12月9日
所在地	佐倉市王子台3-30-3
キロ程	45.7km（京成上野起点）
駅構造	橋上駅
ホーム	2面2線
乗降人員	21,985人

京成臼井駅（昭和30年代）
現在地に移転する前の京成臼井駅の木造駅舎。この当時は、開業したときの名称である「臼井駅」の看板が使用されていた。
提供：京成電鉄

京成臼井駅（昭和60年代）
懐かしいめくりの行先案内板を替えている職員。現在、乗客には臼井の文字はひらがなで案内されている。これは北総鉄道に白井駅があり混同を避けるためと思われる。
提供：京成電鉄

京成臼井駅（昭和52年）
駅名を示す看板は「京成臼井駅」に変えられている。現在地に移転する直前の京成臼井駅の全景である。
撮影：石本祐吉

古地図探訪
昭和34年／京成臼井駅付近

この京成臼井駅の北には（西）印旛沼があり、江戸時代には現在の2倍近い面積を誇っていた。印旛沼にあった渡し舟の様子は、佐倉惣五郎の半生を題材にした物語「佐倉義民伝」の中の名場面「甚兵衛渡し」としても有名だった。駅の東にある印旛沼取水場は、印旛沼浄水場とともに、このあたり一帯に水資源を供給してきた。また、駅付近を通り北に伸びる県道64号千葉臼井印西線の両側には円応寺、常楽寺、長源寺など多数の寺院が存在する。

京成臼井駅南口（現在）
現在の京成臼井駅は、平成8（1996）年に完成した駅ビルの中にある。快速、普通のほか、平成14（2002）年から通勤快速も停車している。

　佐倉市内を進んできた京成本線の次の駅は京成臼井。同じように西から進んできた国道296号（成田街道）が、南からやってきた県道64号千葉臼井印西線（佐倉街道）と交差する場所でもある。

　京成臼井駅は大正15（1926）年12月の開業である。当初の臼井駅は現在の場所から580メートル東側にあった。昭和6（1931）年11月、現在の駅名に改称している。「臼井（うすい）」の地名、駅名は、「（うし）憂し・（い）井」に由来する。豪雨の際に印旛沼が氾濫し、浸水する不安定な土地という意味だった。

　江戸時代以前には、臼井氏の居城である臼井城が存在したが、佐倉城の築城でその役目を終えている。その後の臼井は成田街道の宿場町となり、明治22（1889）年に臼井村、臼井田村などが合併して、臼井町が成立。昭和29（1954）年に佐倉町、志津村などと合併し、佐倉市の一部となっている。

　臼井といえば「ミスタージャイアンツ」の長嶋茂雄氏の故郷として知られる。昭和11（1936）年、当時の臼井町の農家の二男として生まれ、地元の佐倉第一（現・佐倉）高等学校から立教大学に進んで、東京六大学リーグのスターとなった。プロ野球の読売巨人軍での活躍は御存じの通り。京成臼井駅の北口、南口には、「ようこそ　長嶋茂雄さんのふるさと　佐倉市臼井へ」という歓迎モニュメントが設置されている。

京成臼井～京成佐倉間の中間仮駅（昭和34年）
この仮駅は3日間だけ存在した。理由は軌間変更工事に伴うものであり、現在もこの場所の北側（印旛沼側）は田んぼや畑ばかり、ただし反対側は江原台団地があり新駅設置の期待の声がある。
撮影：石本祐吉

千葉急行と芝山鉄道

千葉急行は現在の京成千原線の前身で、平成4（1992）年に千葉中央～大森台がまず開業した。その後、平成7（1995）年に大森台～ちはら台間が延伸し、学園前、おゆみ野駅が開業している。一方、芝山鉄道は平成14（2002）年、東成田～芝山千代田間で開業。成田国際空港東側の住民の足となっている。

千葉急行1000形（平成4年）
四ツ木駅で撮影されたもの。この車両はもともと京浜急行から京成にリースされさらに千葉急行にやってきた複雑な経歴をもつ。
撮影：荻原二郎

千葉急行の営業移管の告知（平成10年）
千葉急行は建設費の負担や沿線開発の遅れ、高く設定された運賃などから旅客数が伸び悩み、路線を京成に譲渡して解散。同時に京成千原線が誕生した。
撮影：山田虎雄

芝山千代田駅の「はにわ」のモニュメント（現在）
総営業距離が日本一短いことで知られる芝山鉄道。激しい空港反対運動の歴史から、今も警察官が同乗する特異な路線になっている。
撮影：杉本行恭

芝山鉄道3600形（平成24年）
京成からリースした車両で緑の帯色が特徴。約10年間活躍の後、平成25年に返却し、現在は3500形に変更された。
所蔵：フォト・パブリッシング

けいせいさくら

京成佐倉

江戸時代は、堀田氏11万石の城下町。
京成駅は大正末年、JRは明治の開業。

開業年	大正15(1926)年12月9日
所在地	佐倉市栄町1001-5
キロ程	51.0km(京成上野起点)
駅構造	橋上駅
ホーム	2面4線
乗降人員	19,342人

京成佐倉駅（昭和30年代）
昭和37(1962)年に現在地に移転する前の佐倉駅の木造駅舎。上り線側に設けられていた。バス停の看板が見える。

京成佐倉駅南口（昭和60年代）
現在とあまり変わらない昭和時代後期の京成佐倉駅南口広場。国道沿いの旧駅があったあたりからの撮影である。

提供：京成電鉄

提供：京成電鉄

撮影：山田虎雄

京成佐倉駅南口（昭和45年）
橋上駅舎に変わった京成佐倉駅の南口。駅舎の姿は現在とほぼ同じだが、電話ボックスのある場所には、京成佐倉駅前交番ができている。

　南西に佐倉城跡や佐倉市役所がある佐倉市の中心地に位置する。江戸時代の「佐倉」は堀田氏11万石の城下町として栄えた。城主の堀田正亮、正睦は老中を努めるなど幕閣でも活躍している。
　明治初期には、廃藩置県で佐倉県が置かれたこともあり、明治22(1889)年に佐倉町が成立。昭和29(1954)年には近隣する町村との合併により、佐倉市が誕生している。
　京成佐倉駅は大正15(1926)年12月の開業で、当初は佐倉駅を名乗り、昭和6(1931)年に現在の駅名になっている。昭和37(1962)年には駅舎が移転し、橋上駅舎が生まれている。駅の南、1km余り離れた場所には、JR総武本線の佐倉駅がある。こちらは明治27(1894)年、総武鉄道の駅として開業し、このときは終着駅だった。
　その後、同じく私鉄の成田鉄道により佐倉〜成田間、総武鉄道により佐倉〜成東間が開通し、途中駅となった。やがて、両鉄道ともに国有化され、国鉄（現・JR）の駅となっている。

旧制千葉県立佐倉中学校（明治43年）

プロ野球の名選手、長嶋茂雄氏の母校として知られる佐倉中学校（現・佐倉高等学校）は明治43（1910）年、現在地に移転し、落成式が行われた。

京成佐倉駅（昭和45年）

発車を待つ西馬込行き急行。現在京成には「急行」という種別は存在せず、その任務は「快速」に引き継がれている。

京成佐倉駅南口（現在）

特急のほか、モーニングライナーなども停車する現在の京成佐倉駅。南口からは物井駅、四街道駅、京成酒々井駅方面に向かうバスが発着している。

古地図探訪
昭和40年／京成佐倉駅付近

西から進んできた京成本線と国鉄（現・JR）総武本線は、この京成佐倉駅付近でかなり近くはなっているが、それでも約1kmの距離があり、連絡には不向きである。この当時はその中間あたり、麻賀多神社の東側に佐倉市役所（町役場）があったが、現在は北西の京成本線側の佐倉城（址公園）付近に移転している。このあたりには、国立歴史民俗博物館（歴博）が誕生し、佐倉市武家屋敷などとともに佐倉を代表する観光スポットが集まる場所となった。

大佐倉～京成佐倉（現在）

主にアクセス特急として使用される新3050形だが、ときには本線でも活躍する。営業最高速度は120km/hであり、スカイライナーに次いで俊足を誇る。

見所スポット

佐倉城址公園

佐倉城は、千葉氏一族の中世城郭をもとに江戸時代初期、土井利勝が平山城として築いた。明治維新後には、陸軍歩兵第二連隊（佐倉連隊）が置かれていた。

堀田正睦の銅像

佐倉城址公園内に建つ堀田正睦銅像は、平成18（2006）年に建立された。佐倉藩第五代藩主の正睦は、幕末に老中として幕政を主導した。

国立歴史民俗博物館

大学共同利用機関法人人間文化研究機構が運営する博物館で、昭和56（1981）年に開館した。一般公開開始はその2年後で、通称は「歴博」。

おおさくら・けいせいしすい

大佐倉・京成酒々井

印旛沼の干拓地、「本佐倉城」の史跡も。
孝行息子が発見した「酒の井」から地名。

大佐倉	
開業年	大正15(1926)年12月9日
所在地	佐倉市大佐倉字松山277
キロ程	53.0km(京成上野起点)
駅構造	地上駅
ホーム	2面2線
乗降人員	418人

京成酒々井	
開業年	大正15(1926)年12月9日
所在地	印旛郡酒々井町中川560-1
キロ程	55.0km(京成上野起点)
駅構造	橋上駅
ホーム	2面2線
乗降人員	6,898人

大佐倉駅(昭和30年代)
木造駅舎だった頃の大佐倉駅。多くの看板があるが、「次は京成酒々井」と書かれた看板の存在で、下り線側に設けられていたことがわかる。

提供:京成電鉄

撮影:荻原二郎

大佐倉駅(昭和42年)
大佐倉駅の上りホームに停車している上野行きの急行電車。反対側のホーム奥に当時の駅舎(本屋)がのぞいている。

大佐倉駅(現在)
大佐倉駅は相対式ホーム2面2線を有する地上駅。現在も小さな駅舎(事務室)、自動改札機、券売機が下り線側にある。

大佐倉駅(現在)
快速特急以外の全列車が停車する大佐倉駅。しかし、駅の周囲には林が広がっており、京成全駅中で乗降人員の数は最も少ない。

　佐倉市と酒々井町との境界線近くに位置し、北方には印旛沼の干拓地が広がっている。そのため、「大佐倉干拓」「飯田干拓」など「干拓」の文字がついた地名が多く存在する。大佐倉駅の開業は近隣の駅と同じ大正15(1926)年12月で、「京成」の文字を冠せず、開業以来、駅名は変化していない。
　また、駅の南には「本佐倉」「将門町」の地名があり、将門山に「本佐倉城(跡)」がある。ここは戦国時代、千葉氏の居城だった場所で、江戸時代に廃城となっている
　京成酒々井駅は大正15年12月に酒々井駅として開業し、昭和6(1931)年に現駅名に改称している。一方、国道51号を挟んだ南東側には、JRの酒々井駅がある。こちらは明治30(1897)年に成田鉄道の駅として開業、後に国鉄の駅となった歴史がある。
　現在、「酒々井」といえば、平成25(2013)年にオープンした「酒々井プレミアム・アウトレット」が有名になったが、ここは東関東自動車道を挟んださらに南東側、駅からはかなり離れた場所にある。
　難読地名として知られる「酒々井」の地名、駅名の由来は、駅の南にある「酒の井の碑」が教えてくれる。ここには円福院神宮寺の井戸があり、孝行息子が酒好きの父親のために、井戸から湧き出る酒を発見し、親孝行したという伝説が残されている。印旛郡に属する酒々井町は明治22(1889)年に誕生し、現在まで続いている。

京成酒々井駅（昭和30年代）
地上駅舎だった頃の京成酒々井駅。現在の駅ビルとは異なる、構内踏切の設けられた、のどかな雰囲気の駅だった。

提供：京成電鉄

京成酒々井駅（昭和60年代）
左の写真とは異なる駅舎で、電話ボックスが設置されている。

提供：京成電鉄

撮影：山田虎雄

京成酒々井駅（昭和57年）
酒々井町は印旛沼まで続く広大な水田と所々の山林からなる田園地帯であったが、現在は住宅地となっている。

古地図探訪
昭和40年／京成酒々井駅付近

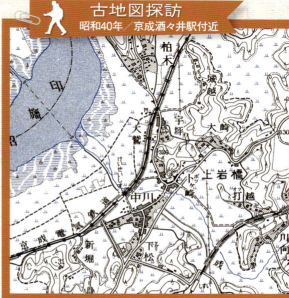

京成成田線の南東側には、国道51号、国鉄（現・JR）成田線が走る。一方、北西には印旛沼の水（辺）が見えるが、京成線の線路との距離を比べてみれば、現在とは大きく異なることがわかる。印旛沼はその後に干拓されて、京成酒々井駅からはかなり遠ざかっている。干拓地の平賀学園台（印西市）には、スポーツ健康科学部がある順天堂大学さくらキャンパスが誕生し、この駅が最寄り駅となって、西口からは順天堂大学、東口からは酒々井プレミアム・アウトレット行きのバスが発着している。

撮影：長谷川 明

京成酒々井駅（昭和49年）
駅の周りは畑や田んぼだけで高い建物は見当たらない。

撮影：石本祐吉

京成酒々井駅（平成25年）
上記の写真と見比べて大きく変わった風景。山をイメージしたモダンな橋上式の新駅舎が時代の流れを如実に感じる。

見所スポット

酒々井プレミアム・アウトレット
平成25（2013）年にオープンした三菱地所グループのアウトレットモール。成田国際空港に近いため、外国人観光客も訪れる。

そうごさんどう・こうづのもり

宗吾参道・公津の杜

義民を祀る宗吾霊堂、東勝寺の最寄り駅。
公津村は成田市へ、ニュータウン開発で発展。

宗吾参道

開業年	昭和3(1928)年4月1日
所在地	印旛郡酒々井町下岩橋字仲田432-3
キロ程	57.0km(京成上野起点)
駅構造	橋上駅
ホーム	2面3線
乗降人員	2,536人

公津の杜

開業年	平成6(1994)年4月1日
所在地	成田市公津の杜4-11-2
キロ程	58.6km(京成上野起点)
駅構造	橋上駅
ホーム	2面2線
乗降人員	9,866人

宗吾参道駅(昭和30年)
宗吾トンネル間近にあった旧宗吾参道駅。写真は京成成田方向を望んだもので、その先は山林が続いていた。
撮影:竹中泰彦

宗吾参道駅(昭和30年代)
昭和26(1951)年に「宗吾」から「宗吾参道」駅と駅名が改称された。小さな木造駅舎が存在し、ローカルな趣を漂わせていた。
提供:京成電鉄

宗吾参道駅(昭和57年)
昭和57(1982)年に現在地に移転して、橋上駅舎となった宗吾参道駅。駐車場の位置なども現在とあまり変わらない。
撮影:山田虎雄

宗吾参道駅(昭和54年)
3300形特急京成高砂行きが通過している。料金不要の特急でスカイライナーの補完的な列車であった。
撮影:荻原二郎

宗吾参道駅(現在)
上り列車が入線する風景。当駅も特急・通勤特急の停車駅となり利便性が増した(快速特急は通過)。

　酒々井町内にある宗吾参道駅は昭和3(1928)年4月、宗吾駅として開業している。これは、個人(偉人)の名前が駅名となった珍しい例である。由来となったのは、駅の北側にある「宗吾霊堂」と呼ばれる真言宗豊山派の寺院、東勝寺の存在で、江戸時代の義民、佐倉惣五郎の霊が祀られている。

　佐倉(木内)惣五郎(宗吾)は江戸時代前期、印旛郡公津村の名主だったが、年貢取り立ての改善を求め、将軍に直訴したために死罪になったとされる。その逸話は「義民物語」として、物語や芝居(歌舞伎)になり、多くの人々が知るようになった。東勝寺の大本堂には惣五郎の霊が祀られ、昭和17(1942)年には宗吾霊堂が建てられている。

　京成の駅は昭和26(1951)年に宗吾参道駅となり、昭和57(1982)年に現在地に駅舎が移転している。また、明治末期から昭和戦前期にかけて、「成田電車」と呼ばれる成宗(成田)電気軌道があり、宗吾~成田山門前間を結んでいた。

　公津の杜駅は平成6(1994)年4月に開業した新しい駅である。宗吾参道駅のすぐ先は既に成田市内であり、昭和60年代から京成グループによるニュータウン「公津の杜」の開発が行われた。

　このあたりは元の「公津」の村落で、明治22(1889)年に公津村が誕生している。昭和29(1954)年、成田町・中郷村などと合併し、成田市の一部となった。

成宗電気軌道(大正時代)
この成宗電気軌道(成宗電車)は宗吾～成田山門前間を結んでおり、京成本線の開通前から宗吾霊堂を訪れる参拝客を運んでいた。

宗吾車両基地(昭和49年頃)
この写真の正式な記録は残ってないが、おそらく当地にてAE形の撮影会の様子を撮影したものと思われる。

公津の杜駅(平成10年)
平成6(1994)年に開業した公津の杜駅は、それまでの京成の駅に見られない斬新なデザインの駅舎をもち、「関東の駅百選」に選ばれている。

公津の杜駅(現在)
ブルーを基調にデザインされた公津の杜駅のエントランス。2階部分には、事務所などがテナントとして入居している。

古地図探訪
昭和40年/宗吾参道、公津の杜駅付近

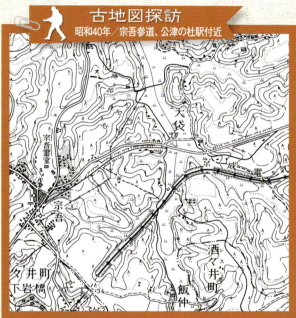

宗吾参道駅を出るとすぐに短いトンネル区間があり、さらにカーブの多い区間が続いていたが、昭和61(1986)年から「公津東区画整理事業工事」が行われ、ルートが変更され平成6(1994)年に公津の杜駅が新設された。このあたりはほとんど台地を走る区間で、現在は台地を切り開き、低地は土盛りして新しい住宅地が開かれている。宗吾参道駅の北には、駅名の由来となった宗吾霊堂が存在している。その東、国道464号の南側には公津公園が誕生している。

公津の杜への新ルート(平成6年)
宗吾参道～京成成田の区間が見直され、台地を削り低地を土盛りして大規模な宅地を造成、よって線路も移設することになり公津の杜駅も誕生した。

見所スポット

宗吾霊堂
正式な名称は「鳴鐘山東勝寺宗吾霊堂」。坂上田村麻呂が戦没者供養のために建立し、後に佐倉惣五郎(宗吾)の菩提寺となり、現在の名称が生まれた。

けいせいなりた
京成成田

成田山新勝寺へ、初詣の人々が目指す
同じ花崎町内にJRの成田駅と同居する。

開業年	昭和5(1930)年4月25日
所在地	成田市花崎町814
キロ程	61.2km(京成上野起点)
駅構造	地上駅
ホーム	3面3線
乗降人員	35,685人

京成成田駅(昭和31年頃)
改築前の京成成田駅。波風の下に京成社紋が見える。京成は当初成宗電気軌道に乗り入れて成田山の門前に直行することを考えていたが地元に反対され断念した。

京成成田駅(昭和41年)
京成上野からの電車が到着し、初詣客で賑わう京成成田駅のホーム。午年だった昭和41(1966)年の正月風景である。

京成成田駅(昭和29年)
京成ではこの頃、1・5・9月の成田山のお参り月には「護摩電」と呼ばれる急行が運転され、車内で護摩札の受付を行っていた。

京成成田駅(昭和30年代)
右側の6番線は新たに設けられた特急専用ホームであり、1600形開運号が発車待ちをしている様子。左側は引上げ線で一般車が留置されている。

　大正15(1926)年12月、津田沼から成田への延伸が成されたときは「成田花咲町」という仮駅での開業だった。昭和5(1930)年、路線のさらう延伸がなされ、成田花咲町駅は廃止され、成田駅が誕生している。翌(1931)年には京成成田駅と改称している。以来、終着駅の時代が続いたが、昭和53(1978)年に成田空港(現・東成田)駅までの延伸が実現し、中間駅となっている。

　この駅は「初詣」で賑わう成田山新勝寺参詣の窓口であり、成田市役所などがある成田市の中心地に位置する。京成駅の誕生前から、国鉄(現・JR)の成田駅の存在があったが、こちらは明治30(1897)年、成田鉄道の駅として開業した歴史をもつ。なお、京成駅・JR駅ともに成田市花崎町に存在している。

　駅の北にある成田山新勝寺は、真言宗豊山派の大本山のひとつで、古くから「成田不動」「成田山」として親しまれてきた。江戸時代には、江戸において「出開帳」も行われ、現在も東京都江東区富岡(深川)に「成田山深川不動堂」があるほか、全国にその名を冠した別院が存在する。交通安全、家内安全を祈願する人々の中には、著名人も多く、中でも「成田屋」を名乗る歌舞伎の市川宗家、歴代の市川団十郎の信仰は有名である。

京成成田駅（昭和34年）
昭和33（1958）年に改築された京成成田駅。成田山新勝寺のお膝元にふさわしい寺院風の2階建て駅舎となった。

京成成田駅（昭和43年）
停車している列車は3200形準急京成上野行き。この年の12月に空港新線（京成成田〜新空港）の建設免許を申請。

京成成田駅（平成14年）
成田山新勝寺の提灯やしめ縄が飾られている京成成田駅の駅前風景。右側には、「臨時きっぷうりば」のボックスが見える。

京成成田駅（昭和49年）
AE形の当初の座席はレザー張りの転換クロスシートで、大柄な外国人の利用を想定し、前後間隔、座席自体のサイズとも大きめに設定された。

古地図探訪
昭和40年／京成成田駅付近

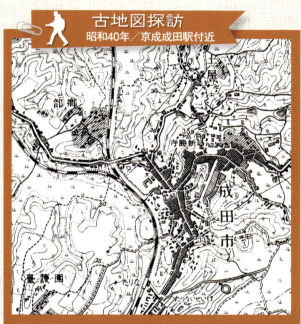

成田山新勝寺の門前町として発展してきた、成田市街の南側に国鉄（現・JR）成田駅、京成成田駅が置かれている。ここから先の鉄道路線は、古い市街を避けるように北西、東方向に伸びてゆく。また、現在は両駅周辺が開発されて、成田山への参拝客、成田国際空港の利用客に向けたホテル、商業施設が誕生している。駅東に見える成田市役所付近には、国道123号を整備して直線区間になった国道51号が走っている。

見所スポット

成田山新勝寺
平将門の乱の際に東国に派遣された寛朝僧正が平和祈願した、天慶3（940）年の開山とされる。真言宗豊山派の大本山で、不動明王信仰で多くの人を集めている。

成田山参道
JR成田駅、京成成田駅付近から成田山新勝寺の門前に続く道筋には飲食店、土産物店が並ぶ。中でも名物の「うなぎ」料理店が目立つ。

成田山公園
新勝寺の大本堂裏に広がる公園で、昭和3（1928）年に開園した。園内に成田山書道美術館、隣接して成田山霊光館、成田山仏教図書館がある。

くうこうだいにびる・なりたくう・こうひがしなりた

空港第2ビル・成田空港・東成田

成田国際空港には、京成電鉄の3駅が存在。
成田スカイアクセス線、JR線も乗り入れる。

空港第2ビル
開業年	平成4(1992)年12月3日
所在地	成田市古込1-1
キロ程	68.3km(京成上野起点)
駅構造	地下駅
ホーム	1面2線
乗降人員	19,965人

成田空港
開業年	平成3(1991)年3月19日
所在地	成田市三里塚御料牧場1-1
キロ程	69.3km(京成上野起点)
駅構造	地下駅
ホーム	2面3線
乗降人員	22,877人

東成田
開業年	昭和53(1978)年5月21日
所在地	成田市古込字込前124
キロ程	7.1km(京成成田起点)
駅構造	地下駅
ホーム	2面4線(うち2線閉鎖)
乗降人員	1,968人

成田空港(現・東成田)駅(昭和53年)
初代成田空港駅にスカイライナーが念願叶ってやって来た。しかし、開業直前に過激派によってAE形6両1編成が全半焼するという暗い出来事もあった。
撮影:山田虎雄

東成田駅(平成10年)
東成田駅のバス停風景。すでに現在の成田空港駅が開業していたため閑散としている。空港と関係ない学生の近隣地への利用がメインだったのではないだろうか。
撮影:山田虎雄

成田空港(現・東成田)駅(昭和53年)
初代成田空港駅から空港ターミナルまではバスを利用する必要があった。成田は遠いと言われていた所以である。
撮影:山田虎雄

東成田駅(現在)
初代の成田空港駅は新ターミナル駅の開業で、東成田駅に改称された。現在は乗降客数がかなり少ない駅となっている。

　この3つの駅は、成田国際空港のアクセス駅として開業している。空港第2ビル駅、成田空港駅はJR、東成田駅は芝山鉄道との共同使用駅である。
　昭和53(1978)年5月、当時の京成本線の終点、成田空港駅として開業したのが現在の東成田駅である。その後、平成3(1991)年に成田空港高速鉄道が開業し、京成成田からこの駅までの区間が東成田線に変わり、駅名も「東成田」になった。その後、平成14(2002)年に芝山千代田駅に至る芝山鉄道線が開通している。

　成田空港駅は平成3年3月の開業である。このとき、京成成田駅からこの駅まで京成本線が延伸し、JR成田線の成田~成田空港間(空港支線)も開業した。また、平成22(2010)年には北総鉄道経由で、都心から成田空港を結ぶ成田スカイアクセス線(成田空港線)も開業し、さらに便利になっている。また、空港第2ビル駅は平成4(1992)年12月に開業している。
　現在、成田国際空港には3つの駅が存在するが、第1ターミナルには成田空港駅、第2ターミナル及び第3ターミナルには空港第2ビル駅を利用する人がほとんどである。

空港第2ビル駅ホーム（平成5年）
成田空港第2旅客ターミナルオープン時に開業した駅。この当時は1面1線の構造だったが現在は島式ホームとなり2線ある。右側はJR線。

成田空港駅の改札（平成22年）
すぐ地下に降りればスカイライナー専用乗り場。少し先を左に折れるとアクセス特急専用のホームがある。真っ直ぐ進むともう1つ改札があり本線のホームへとつながる。

成田空港駅（平成23年）
三代目AE形が停車している。平成23年にブルーリボン賞を受賞したのでそれを記念する飾りを付けている。

古地図探訪
昭和40年／成田空港付近

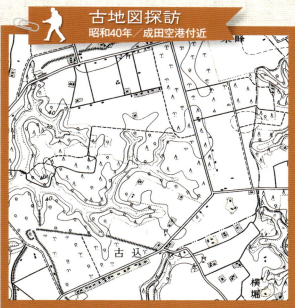

この地図の上には、「東峰」「古込」「横堀」「木の根」などの地名が見えるが、このうちの「古込」1丁目が、現在の京成本線・JR成田線の空港第2ビル駅、成田空港第2ターミナル付近となる。南側の「木の根」付近には、その後、芝山鉄道線が南北に開通している。その西側の広い土地が、成田国際空港建設に反対する成田闘争（三里塚闘争）の舞台となった「三里塚」地区で、現在は成田空港第1ターミナルに変わっている。

成田空港駅構内（平成22年）
成田空港線（成田スカイアクセス線）開業の時期にスカイライナー受付カウンターも模様替えした。

見所スポット

成田国際空港
羽田に代わる、世界に開かれた東京の新しい空の窓口として、昭和53（1978）年に開港した。開港当時は「新東京国際空港」と呼ばれていた。

成田さくらの山公園
成田国際空港に隣接する公園で、空港建設で失われた桜の木が植栽されている。展望デッキからは大きな飛行機の姿を見ることができる。

東峰神社
成田国際空港の東北、天神峰トンネル付近にある。民間航空のパイオニア、伊藤音次郎が建立した「航空神社」が昭和28（1953）年に遷座し、「東峰神社」となった。

押上
おしあげ

開業年	大正元(1912)年11月3日
所在地	墨田区押上1-10-2
キロ程	0.0km(押上起点)
駅構造	地下駅
ホーム	2面4線
乗降人員	192,877人

東京スカイツリー®、ソラマチの東側の玄関口。
都営浅草線、半蔵門線、東武線と接続。

押上駅（昭和34年）
地上駅だった頃の押上駅の駅前風景で、駅舎は南側に向かって開かれていた。手前の橋は、北十間川に架かる京成橋である。

所蔵：フォト・パブリッシング

押上駅（昭和34年頃）
地下化される直前の地上時代の風景であり、ホームも老朽化が進んでいる。

提供：京成電鉄

所蔵：フォト・パブリッシング

地下化後の押上駅地上風景（昭和39年）
地下化されて数年が経っても、地上時代のホームは残っていた。駅周辺には空き地も目立ち、奥に富士銀行のビルと看板が見える。

　この押上駅は大正元(1912)年11月、京成本線が産声を上げたときの始発駅だった。しかし、この駅から先の延長は実現せず、昭和8(1933)年に別ルートでの上野乗り入れが実現したため、現在の押上線は支線の扱いとなっていた。また、この駅の西側には既に東武線の業平橋（現・とうきょうスカイツリー）駅があった。こちらは明治35(1902)年、吾妻橋駅として開業し、浅草駅を名乗った時代もあった。

　一方、京成線では、昭和35(1960)年に都営地下鉄1号線（現・浅草線）の開通により、押上駅経由での相互乗り入れが実現し、京成の駅も地下駅に変わった。

　平成15(2003)年には、営団（現・東京メトロ）地下鉄半蔵門線、東武伊勢崎線の相互直通運転開始で、両線の押上駅が誕生した。さらに平成24(2012)年に東京スカイツリーが完成し、東京スカイツリータウン、東京ソラマチの商店街などがオープンしたことで、押上駅の利用者は大幅にアップすることになった。

　現在、東京スカイツリーの西側の玄関口はとうきょうスカイツリー駅、東側の玄関口はこの押上駅となっている。なお、「押上」の地名は江戸時代から存在しており、隅田川沿いの土地に土砂が堆積してゆく様子から名付けられたとか、海に身を投げた弟橘姫の遺品が押し上げられたことから生まれたともいわれている。

撮影：石本祐吉

押上駅地下ホーム（昭和35年）
地下駅が完成し、押上〜浅草橋間の都営地下鉄1号線（現・浅草線）が開通した。京成にとっては都心乗り入れが実現され、新たな歴史のページが開いた。

撮影：荻原二郎

押上駅付近（平成元年）
都営地下鉄が乗り入れて駅が地下化されたことで、駅周辺の風景も変化していく。現在はスカイツリー誕生で、さらに大きく変化した。

所蔵：フォト・パブリッシング

押上駅地上出入り口（昭和35年）
東武伊勢崎線と隣接する、押上駅の地上出入り口付近。地下鉄の開業が延期になったことを知らせる張り紙が見える。

古地図探訪 昭和32年／押上駅付近
東京スカイツリー、東京ソラマチが誕生する前の押上駅周辺には、セメント工場が広がり、その南側の浅草通りには都電が走っていた。東武の業平橋駅は、現在の「とうきょうスカイツリー」駅である。また、京成電鉄の本社は京成八幡駅前に移転している。一方、京成の押上駅は地下駅となり、都営地下鉄浅草線が乗り入れている。京成橋から南に伸びる四ツ目通りには、東京メトロ半蔵門線が通り、東武伊勢崎線（東武スカイツリーライン）との相互乗り入れが行われている。

押上駅付近（現在）
東京スカイツリー、スカイツリータウン、ソラマチのお膝元として、東京の新しい観光スポットとなった押上駅周辺には、海外からの観光客も目立つようになった。

見所スポット

東京スカイツリー
東京タワーに代わる電波塔として、平成24（2012）年に完成した。武蔵国（現・東京都など）にちなんで、634メートルの高さを誇る。

北十間川
東の旧中川、西の隅田川の間を流れる運河で、江戸時代に開削された。東京スカイツリーの建設を機に、撮影（写真）スポットとなっている。

隅田公園
台東区、墨田区の隅田川沿いに広がる公園で、桜が多く植えられており、花見の名所として知られる。夏には、隅田川花火大会が開催される。

けいせいひきふね・やひろ
京成曳舟・八広

曳舟川が流れていた地、東武線の駅も存在。
開業時は荒川駅、末広がりの駅名に改称。

京成曳舟
開業年	大正元(1912)年11月3日
所在地	墨田区京島1-39-1
キロ程	1.1km(押上起点)
駅構造	高架駅(下り線は工事中)
ホーム	2面2線
乗降人員	18,306人

八広
開業年	大正12(1923)年7月11日
所在地	墨田区八広6-25-20
キロ程	2.3km(押上起点)
駅構造	高架駅
ホーム	2面3線
乗降人員	10,239人

撮影:荻原二郎

京成曳舟駅(昭和41年)
ホーム幅がかなり狭いためにベンチを設置できなかった京成曳舟駅。停車している車両は都営5000形で青砥方面に向かう下り列車。

提供:京成電鉄

京成曳舟駅(昭和60年代)
家族連れの姿がある京成曳舟駅の改札口付近。駅周辺には、マンションの姿も目立ち始めていた。

撮影:石本祐吉

京成曳舟駅(平成25年)
上り線が高架化された京成曳舟駅。左下の地上線の改札口は閉鎖されている。右奥に東京スカイツリーの姿がある。

　墨田区の「曳舟」の地には、東に京成曳舟駅、西に東武の曳舟駅が存在する。駅としては、明治35(1902)に開業した東武伊勢崎線(スカイツリーライン)の曳舟駅が先輩である。しかし、現在は行政上、「曳舟」の地名は存在せず、京成曳舟駅は京島1丁目、曳舟駅は東向島2丁目に位置する。
　京成曳舟駅は大正元(1912)年11月に開業している。当初は曳舟駅を名乗っていたが、昭和6(1931)年に京成曳舟駅に改称した。「曳舟」の地名の由来は、曳舟川(葛西用水)沿いにあったことによるが、この川は暗渠となり、地上からは姿を消している。

　八広駅は大正12(1923)年7月に荒川駅として開業した。このときの駅名の通り、現在は四ツ木橋、木根川橋が架かる荒川のたもとに位置しているが、墨田区内の駅であるため、平成6(1994)年、所在地(八広6丁目)に合わせた八広駅と改称した。この「八広」という地名は昭和40(1965)年、寺島町・隅田町などの一部が合併して生まれた新たな町域である。このときは8地区の合併で、縁起のいい「八」と末広がりの「広」が一緒になった地名が採用されている。

荒川（現・八広）駅（昭和60年代）
コンクリート造りの小さな駅舎があった荒川駅。駅名改称後にホームの高架工事が行われ、平成13（2001）年に高架駅となった。

荒川（現・八広）駅（平成3年）
荒川の土手から見た駅舎。荒川区の代表駅と間違えられるからという理由から、現駅名に改称されたという。同じようなことは江戸川駅にも当てはまるが、こちらはそのままである。

旧荒川橋梁、京成押上線（昭和戦前期）
京成本線の荒川橋梁の下流、京成押上線の荒川橋梁である。現在は新しい橋に架け変わっている。電車はモハ45形。

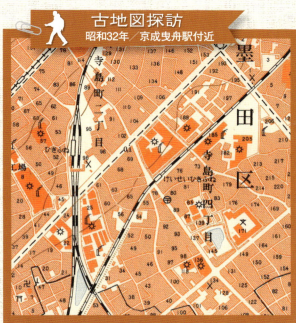

古地図探訪
昭和32年／京成曳舟駅付近

この当時は、墨田区寺島町だった場所に、京成曳舟駅と（東武）曳舟駅が存在していた。両駅の間を通っているのは曳舟川通りである。また、現在は住居表示の変更で、前者は京島、後者は東向島に分かれてしまったが、その距離は200m足らずであり、十分に乗換え可能である。現在はその中間にイトーヨーカドー曳舟店が誕生している。京成曳舟駅の北側では、明治通りが京成押上線とほぼ垂直に交差している。駅南東にある「文」マークは、墨田区立曳舟小学校である。

駅名改称直前の荒川駅（平成6年）
地平時代の風景で、当時は構内踏切を利用して行き来していた。後に新しい荒川橋梁とともに嵩上げされた。

見所スポット

八広駅（平成6年）
京浜急行1500形の千葉ニュータウン中央行きが停車中。この車両は1000形の置き換え用として昭和60年に登場した。

向島百花園
江戸時代から「花屋敷」「新梅屋敷」として文人墨客に親しまれた場所で、現在は都立公園として公開されている。秋の七草の鑑賞が有名。

下町人情キラキラ橘商店街
墨田区の京島地区を代表する商店街で、京成曳舟駅の南東にある。正式な名称は「向島橘銀座商店街」で、朝市、びっくら市を開催している。

よつぎ・けいせいたていし

四ツ木・京成立石

荒川を挟んだ葛飾区側、八広駅の対岸に。
古代「立石」の存在、区役所への最寄り駅。

四ツ木

開業年	大正元(1912)年11月3日
所在地	葛飾区四つ木1-1-1
キロ程	3.1km(押上起点)
駅構造	高架駅
ホーム	2面2線
乗降人員	13,732人

京成立石

開業年	大正元(1912)年11月3日
所在地	葛飾区立石4-24-1
キロ程	4.6km(押上起点)
駅構造	地上駅
ホーム	2面2線
乗降人員	36,411人

提供：京成電鉄

四ツ木駅(昭和戦前)
左に上平井乗合自動車(バス)乗り場、右にスタンドバーの看板があり、中央には雷門、玉ノ井など古い駅名の表示のある京成のりばの看板が見える。奥にはホームの姿がある。

撮影：石本祐吉

四ツ木駅(昭和62年)
改良前の四ツ木駅に停車している京成金町行き。京成高砂駅の金町線ホームが高架化され、運行が分離したことによって押上線・本線から金町線直通の列車はなくなった。

四ツ木駅(現在)
平成11(1999)年、四ツ木駅は北側に移設されて現在のような高架駅となった。この右側には荒川が流れている。

　この四ツ木駅も現在の押上線が京成の本線だった大正元(1912)年11月の開業で、荒川放水路の開削のため、大正12(1923)年に現在地に移転した。

　駅名は「四ツ木」だが、地名には「四つ木」が採用されている。「四ツ木(四つ木)」の地名、駅名の由来には諸説あり、「松の大木が4本あった」とか、源頼朝がここを通った際の時刻「四つ過ぎ」から来た説や、「世継」と呼ばれていたなどの説が存在する。この駅の北側は堀切、小菅に続き、南側は渋江、木下(根)川と呼ばれていた。駅の南東には、葛飾区立の渋江小学校、木根川小学校がある。

　京成立石駅は大正元(1912)年11月の開業で、当時の駅名は「立石」。昭和6(1931)年に京成立石駅に改称している。駅の北側には、葛飾区役所がある。

　「立石」の地名、駅名の由来は、立石8丁目にある「立石様」から。この石は付近にあった古墳の一部で、その後は古代の官道の道標として使用されており、江戸時代には「根有り石」と呼ばれてきた。現在は石組みに囲まれ、鳥居も建てられている。その存在から、江戸時代に立石村が誕生し、後に本田村に変わっている。地名としては現在、立石1〜8丁目が存在し、京成立石駅は立石4丁目に置かれている。

京成立石駅（昭和43年）
橋上駅舎が完成した頃の京成立石駅の入り口付近。商店街が作ったお祝いのゲートに、地元の大きな期待があったことがわかる。
撮影：山田虎雄

京成立石駅（昭和42年）
軌道法の適用からスタートした京成電鉄は、四ツ木～京成立石間に併用軌道があった。現在の奥戸街道がそれに該当し、現在は京成タウンバスの路線がある。
撮影：山田虎雄

古地図探訪
昭和32年／八広・四ツ木駅付近

荒川の広い流れを間にして、京成押上線の四ツ木駅、荒川（現・八広）駅が向かい合うように置かれている。また、このあたりには複数の橋が架かっているが、下流に見える「四ツ木橋」は旧橋で、現在は解体されて100m下流に「木根川橋」が架かっている。一方で、京成線の橋梁の上流にあるこの当時の「新四ツ木橋」は現在、「四ツ木橋」と呼ばれており、その南側には昭和48（1973）年、現在の「新四ツ木橋」が架けられている。

京成立石駅（現在）
現在の京成立石駅は普通のみの停車駅だが、葛飾区の中心地でもあり乗降客数は京成全駅でベストテン入りを争う位置にいる。

見所スポット

木下川薬師
青龍山薬王院浄光寺は「木下川の薬師さま」として地元の人々の信仰を集めてきた。元は西北約600m離れた場所にあったが、荒川放水路の開削で現在地に移った。

立石様
立石の地名、駅名の由来となった「立石」が祀られている。現在は、立石児童遊園の中に鳥居と説明版が建てられ、わずかに地表に姿をのぞかせている。

かつしかハープ橋
世界初の曲線斜張橋として、昭和62（1987）年に開通した。綾瀬川と中川の合流地点にあり、上平井水門と隣接している。

立石呑んべえ横丁
下町の雰囲気が色濃く漂う京成立石駅周辺でも、特にレトロな場所として有名。細い路地のアーケードに個性的飲食店が集まっている。

しばまた
柴又

人が押した帝釈人車軌道の停留場が起源。
「寅さん」で有名な帝釈天のお膝元。

開業年	大正元(1912)年11月3日
所在地	葛飾区柴又4-8-14
キロ程	1.0km(京成高砂起点)
駅構造	地上駅
ホーム	2面2線
乗降人員	8,834人

撮影：石本祐吉

柴又駅（昭和36年）
商店街を構成する店舗の提灯が飾られている柴又駅。金町線は単線だが、以前には京成上野、押上から柴又行きの電車があり、駅の構内は広く取られていた。

撮影：山田虎雄

柴又駅（平成10年）
寅さんの故郷、帝釈天を訪ねる観光客を温かく迎えてくれる柴又駅。左側に見えるせんべい店の外観もレトロな雰囲気を保ったままだ。

撮影：中村夙雄

柴又駅（昭和14年）
この当時の構内はかなり広かった。ホームも3ヶ所あり、京成上野行きが停車しているホームと左奥に2線があった。その一番左手が京成金町行きホーム。

撮影：中村夙雄

大正10年製造のモハ20形（昭和16年）
新製時は前面5枚窓の京成タイプだったが、後に乗車定員を増やすため省電(国電)タイプの顔に改造され、昭和22年に廃車。うち4両は新京成で昭和63年まで活躍した。

「柴又」といえば、帝釈天、寅さんの街。「帝釈天で産湯を使った」といわれる人々が住んできた場所である。ここには、江戸時代から日蓮宗の寺院、題経寺があり、仏教の守護神のひとつである「帝釈天」が信仰を集めるようになった。以後、日本では帝釈天といえば、柴又にあるこの題経寺を指すほど、人口に膾炙する場所となった。

さらに知名度が増したのは、渥美清主演、山田洋次監督により昭和43(1968)年からドラマ、映画となった「男はつらいよ」の主人公、「フーテンの寅」こと車寅次郎の生まれ住んだ街となったことによる。寅さんの生家（草団子屋）のモデルは、帝釈天門前の「とらや」で、大ヒット映画のロケ地として、ファンが多数訪れるようになった。

この帝釈天を訪れる参詣客のために明治32(1899)年、金町～柴又間に帝釈人車鉄道(軌道)が開通、人が車を押して参詣客を運んだ。このときに、現在の柴又駅が開業している。この路線は明治45(1912)年、京成に譲渡されて京成金町線となり、曲金（現・京成高砂）～柴又間の路線も開通した。

もうひとつ、柴又といえば有名なのが江戸川の渡し舟「矢切の渡し」。こちらは伊藤左千夫の小説『野菊の墓』で知られるようになり、近年は細川たかしらが歌った歌謡曲で知名度が増した。現在も柴又～矢切(松戸市)間を結ぶ渡し舟が運行され、地元民や観光客が利用している。

京成電鉄の掲示物あれこれ

全て　撮影：山田虎雄

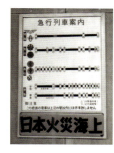
特急・急行・準急の停車駅案内（昭和36年）

成田山～三浦海岸の直通運転（昭和45年）

青電・赤電からのファイアーオレンジへ（昭和55年）

撮影：山田虎雄

寅さん号（平成8年）
渥美清氏が亡くなり「寅さん号」が運行された。その後、平成22年には「男はつらいよ」「こち亀」と葛飾区絡みのラッピング電車が運転された。

撮影：山田虎雄

「男はつらいよ」ポスター展（平成8年）
渥美清が主演した映画「男はつらいよ」は帝釈天、柴又の地をさらに有名にした。映画全48作のポスターの展示会も開かれた。

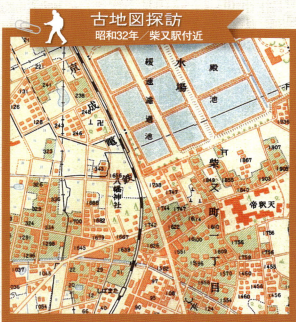

古地図探訪　昭和32年／柴又駅付近

この地図の右上に大きく広がっているのは、江戸川沿いにある金町浄水場。その南に「寅さん」の故郷、柴又帝釈天（題経寺）と柴又の街がある。京成金町線とともに金町方面から南下してきた、柴又街道（都道307号）は柴又駅付近で分かれて、江戸川（南篠崎）方面に進んでいく。京成線の西側には、（柴又）八幡神社の文字が見え、その北にある「卍」マークは良観寺である。現在、帝釈天の南東、柴又公園には「葛飾柴又寅さん記念館」が開館している。

見所スポット

矢切の渡し
江戸川を挟んで、東京・柴又と千葉・松戸（矢切）を結ぶ渡し舟。歌謡曲に歌われて有名になり、多くの観光客も利用している。

柴又帝釈天
正式な名称は「経栄山題経寺」で、日蓮宗の寺院である。「寅さん」で有名になったが、夏目漱石の『彼岸過迄』にも登場している。

帝釈天参道
柴又駅から帝釈天（題経寺）に続く参道には、映画「男はつらいよ」のモデルとなった草団子屋をはじめとした飲食店、土産物店が並んでいる。

けいせいかなまち
京成金町

金町線の起終点駅、JR常磐線と連絡。
東西に江戸川と中川、北には水元公園。

開業年	大正2(1913)年10月21日
所在地	葛飾区金町5-37-9
キロ程	2.5km(京成高砂起点)
駅構造	地上駅
ホーム	1面1線
乗降人員	24,474人

京成金町駅(昭和43年)
平屋建ての駅舎だった頃の京成金町駅。改札口の向こう側には、単線のホームが見え、広告看板がのぞく。右手に国鉄(現・JR)金町駅がある。

撮影:石本祐吉

単線区間を走る3200形(平成15年)
この区間は帝釈人車軌道の道床を活用している。そのため単線で、現在は両側が道路になっており、複線化は困難である。

撮影:石本祐吉

撮影:山田虎雄

京成金町駅のホーム(昭和48年)
珍しい日暮里行きの運行。これは昭和48(1973)年6月から約半年間行われた京成上野駅の改装工事により、日暮里～京成上野間を休止したためである。

　(京成)金町駅の前身は、金町線の前身である帝釈人車軌道の始発駅として明治32(1899)年に開業した駅である。軌道改築による、京成線の駅としての開業は大正2(1913)年10月で、昭和6(1931)年に現在の駅名に改称した。金町は、亀有と並ぶ葛飾区の要衝地で、日本鉄道(現・JR常磐線)の金町駅が明治30(1897)年に開業している。京成金町駅は、JR線の南側にあり、金町駅と向かい合っている。
　「金町」という地名の由来は不明であるが、古くは「金町郷」といい、江戸川のほとりにある香取神社領の中心地だった。「金町屋」といわれた時期もあり、明治2(1869)年には小菅県南葛飾郡金町村となった。明治4(1871)年に東京府に併合され、昭和7(1932)年、東京市の拡大により成立した35区のひとつ、葛飾区金町に変わった。
　駅の西側には足立区との境を成す中川が流れ、東側の江戸川が千葉県との境目を形成している。また、北側には中川の支流である大場川が流れており、そこから水を得た水元公園が広がっている。この水元公園は、都内最大規模の水郷公園で、防災公園としての機能も備えている。

京成金町駅（現在）
コンビニやコーヒー店、英語塾が入居している京成金町駅の駅ビル。旧駅のときと同じ、葛西神社の案内板が掲げられている。

見所スポット

金町浄水場
大正15（1926）年に竣工した東京都水道局の浄水場で、江戸川に取水塔が設置されており、厚生労働省の「近代水道百選」に選ばれている。

水元公園
小合溜という準用河川を中心とした水郷公園で、都内最大規模の面積を誇る。水と緑が豊かで、バードウォッチングが楽しめる。

古地図探訪
昭和32年／京成金町駅付近

この当時、京成金町駅が存在する国鉄（現・JR）常磐線の南側は住宅地が占めていたのに対して、北側には工場や農地が広がっていた。南側を走る国道6号は、駅の東側（金町広小路）で東寄りに進路を変えて松戸方面に向かう。一方、京成金町線とともに北上してきた都道307号王子金町江戸川線は、この金町広小路を通って北に伸びてゆき、国鉄線の北で都道471号金町線と分岐する。駅西側に見える「〒」マークは、金町郵便局である。

大正時代の乗車券と路線図

　大正15（1926）年12月に発行された「京成電気軌道株式会社」の「プレミアム附新株式募集」パンフットの裏面には、当時の京成電軌の路線図（絵地図）が印刷されている。この地図には国鉄（現・JR）の路線などはなく、当時の沿線の様子がよくわかるが、津田沼には飛行場、実籾には元捕虜収容所、中山、八幡に塩田があるなど、現在とはかけ離れた風景が広がる場所だったことがわかる。また、当時は現在の本線である上野〜青砥間の路線はなく、津田沼から成田に至る路線も工事中だった。

　このパンフ（地図）や当時の切符（乗車券）でもわかるように、当時の京成は主に路面電車を対象とする軌道法にもとづく電車路線で、乗車券も一般に軟券と呼ばれる小型のものが使用されていた。全線が地方鉄道法に基づく鉄道に変更されるのは昭和20（1945）年2月であり、6月には「京成電鉄」に社名を変更している。

普通乗車券　上野公園→博物館動物園・新三河島間　5銭　昭和15年

普通乗車券　柴又→寛永寺坂・上野公園間　20銭　昭和15年

連絡乗車券　京成成田→（東武）浅草雷門・業平橋間　90銭　昭和8年

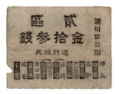

普通乗車券　二区13銭　昭和戦前期

普通乗車券　四区25銭　昭和戦前期

海水浴割引往復乗車券（往）京成千葉→押上・白鬚・日暮里　75銭　昭和8年

大正時代の路線図

けいせいまくはりほんごう・けいせいまくはり・けみがわ
京成幕張本郷・京成幕張・検見川

京成千葉線は、JR総武線沿いに走る。
幕張本郷、幕張、検見川の各駅で連絡。

京成幕張本郷	
開業年	平成3(1991)年8月7日
所在地	千葉市花見川区幕張本郷1-1-3
キロ程	2.1km(京成津田沼起点)
駅構造	橋上駅
ホーム	1面2線
乗降人員	13,713人

京成幕張	
開業年	大正10(1921)年7月17日
所在地	千葉市花見川区幕張町4-601
キロ程	4.0km(京成津田沼起点)
駅構造	地上駅
ホーム	1面2線
乗降人員	7,903人

検見川	
開業年	大正10(1921)年7月17日
所在地	千葉市花見川区検見川町1-791
キロ程	5.3km(京成津田沼起点)
駅構造	地上駅
ホーム	2面2線
乗降人員	3,739人

京成幕張本郷駅(平成5年)
JR幕張本郷駅と共用している京成幕張本郷駅の橋上駅舎。ともに島式ホーム1面2線をもつ地上駅で、乗降者数はJRが京成の約2倍である。

撮影：荻原二郎

撮影：石本祐吉

京成幕張本郷駅(平成3年)
建設中だった京成幕張本郷駅。JR駅側に続く駅舎の部分は未完成である。左側にJR幕張本郷駅のホームが見える。

京成幕張駅(昭和44年)
移転工事が行われていた頃の京成幕張駅の新駅舎付近。移転前のホームは短く、6両編成の列車に対応するための工事だった。

撮影：石本祐吉

京成幕張駅(昭和30年代)
移転前の京成幕張駅の駅舎で、上り線のホーム側に設けられていた。和菓子店の賞品陳列風景が古き良き時代を感じさせる。

提供：京成電鉄

　京成津田沼駅からは、京成本線と分かれた京成千葉線が南東に向かって走る。間もなく、JR総武本線と寄り添うような形となり、京成幕張本郷駅に到着する。この京成の駅は平成3(1991)年8月の開業で、隣接するJR幕張本郷も昭和56(1981)年開業の比較的新しい駅である。
　次の京成幕張駅も、JR(当時・国鉄)幕張駅の近接駅として開業しているが、こちらは大正10(1921)年7月開業と、90年以上の歴史をもつ駅である。もっともJRの幕張駅は明治27(1894)年の開設であるから、さらに30年近い古い歴史をもっている。「幕張」という地名の由来は不詳だが、古くは「馬加(まくはり)」ともいい、瓜の名や源頼朝の逸話によるという説などがある。
　一方、検見川駅は大正10(1921)年7月の開業で、JR駅よりも古い歴史をもつ。そのため、昭和26(1951)年に誕生した、東側のJR駅は「新検見川」を名乗っている。「検見川」という地名の由来には、「低湿地(ケミ)」によるとする説、徴税検査の「検見・毛見」による説などが存在する。また、「花見川」と「検見川」は同じ由来であるとされており、前者は河川名、後者が地名となったと考えられる。昭和12(1937)年、千葉市に編入される前には、検見川村、検見川町があった。

検見川付近（昭和41年）

検見川駅西側の台地には、かつてこのような鉄塔が立ち並んでいた。手前に見える池も現在では住宅に埋めつくされている。

撮影：山口正文

提供：京成電鉄

検見川駅（昭和30年代）

上り線のホーム側にあった検見川駅の木造駅舎。看板の文字、書体から戦前から使用されていたものと推測される。

撮影：石本祐吉

京成幕張駅（昭和30年代）

4両がやっと停車できる移転前の京成幕張駅。潮干狩りの名所として賑わったが、埋め立てのため海は遠のいた。

古地図探訪
昭和40年／京成幕張・検見川駅付近

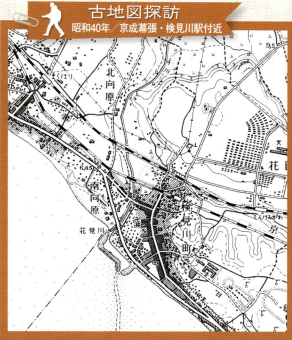

千葉（東京湾）の海岸線付近を国鉄（現・JR）総武線、京成千葉線が走っていた頃の地図である。JR京葉線や東関東自動車道などは開通しておらず、現在では「幕張」の代名詞ともなった「幕張メッセ」や「県立幕張海浜公園」は誕生していない。検見川駅の南側には、求法山善勝寺、千葉検見川郵便局、千葉市立検見川小学校などの地図記号が見える。一方、新検見川駅の北、花園地区には千葉市立花園中学校、小学校の校地がのぞく。

見所スポット

検見川駅（現在）

現在の駅舎も上り線側にあり、跨線橋がないため、構内踏切を渡ったホーム間を移動する。利用者もあまり多くない駅である。

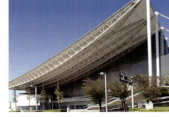

幕張メッセ

千葉市美浜区中瀬にある国際展示場、国際会議場、幕張イベントホールの総称。「東京ゲームショウ」「東京オートサロン」などが開催されている。

見浜園

幕張海浜公園の中にある池泉回遊式庭園。1・6ヘクタールの中に数寄屋造りの茶室なども設けられ、和の雰囲気の中で散策が楽しめる。

けいせいいなげ・みどりだい・にしのぶと

京成稲毛・みどり台・西登戸

稲毛はJR総武線、稲毛海岸はJR京葉線。
みどり台・西登戸には駅名改称の歴史。

京成稲毛	
開業年	大正10(1921)年7月17日
所在地	千葉市稲毛区稲毛3-1-17
キロ程	8.1km(京成津田沼起点)
駅構造	地上駅
ホーム	2面2線
乗降人員	6,434人

みどり台	
開業年	大正12(1923)年2月22日
所在地	千葉市稲毛区緑町1-7-1
キロ程	9.9km(京成津田沼起点)
駅構造	地上駅
ホーム	2面2線
乗降人員	6,896人

西登戸	
開業年	大正11(1922)年3月18日
所在地	千葉市中央区登戸4-9-1
キロ程	10.9km(京成津田沼起点)
駅構造	地上駅
ホーム	2面2線
乗降人員	2,323人

京成稲毛駅(昭和30年代)
改築される前の京成稲毛駅の木造駅舎で、上り線側に設置されていた。この頃は、反対側の下り線は臨時口で、構内踏切で連絡していた。
提供:京成電鉄

京成稲毛駅(昭和60年代)
京成幕張駅同様海岸が近かった頃は海水浴や潮干狩りの拠点駅で、千葉線に急行や快速が設定されていた頃は停車駅でもあった。
提供:京成電鉄

京成稲毛駅(現在)
現在の京成稲毛駅も相対式ホーム2面2線をもつ地上駅で、ホーム間の連絡は構内踏切で行われている。

黒砂(現・みどり台)駅(昭和30年代)
黒砂は「更級日記」に登場する「くろとの浜」に因むと言われている。黒砂の駅名は消えたが総武本線の稲毛〜西千葉間に黒砂信号場があるのは意外に感じる。
提供:京成電鉄

「稲毛」の名称がある駅は3つ存在する。このうち、JR総武線の稲毛駅は明治、この京成稲毛駅は大正、JR京葉線の稲毛海岸駅は昭和61(1986)年の開業である。

「稲毛」の地名の由来は不詳だが、古代の役人の役職名「稲置(いなぎ)」と関連するともいわれる。京成稲毛駅は大正10(1921)年7月に「稲毛」駅として開業し、昭和6(1931)年に現在の駅名となった。

みどり台駅は、4度の駅名改称の歴史をもつ。大正12(1923)年の2月の開業時は浜海岸駅だったが、昭和17(1942)年に帝大工学部前駅に改称された。この帝大工学部とは現在の東京大学生産技術研究所の前身で、その跡地の一部は千葉大学弥生キャンパスになっている。

さらに昭和23(1948)年に工学部前駅、昭和26(1951)年に黒砂駅と変わった。最後の駅名改称は昭和46(1971)年で、埋め立てにより海岸が消えたことで、現在のみどり台駅となった。この駅周辺の地名は「緑町」である。

西登戸駅は大正11(1922)年3月、千葉海岸駅として開業し、昭和42(1967)年に西登戸駅と改称した。これは駅周辺の地名「登戸(のぶと)」を採用したもので、海岸の埋め立てによるものである。

みどり台駅（平成8年）
現在も基本的構造はこの当時とあまり変わらない。平成18年から千葉線に新京成が乗り入れるようになった。

西登戸駅（現在）
昭和30年代の3000形に対して平成15（2003）年登場の通勤型車両は新3000形と呼ばれ、金町線を除く全線で活躍中。

みどり台駅（昭和60年代）
埋め立てと宅地化により黒砂駅から昭和46年に「みどり台駅」に改称された。新京成の「みのり台駅」と混同されやすい。

千葉海岸（現・西登戸）駅（昭和30年代）
現在の駅名に改称される前、千葉海岸と呼ばれていた頃の簡素な駅舎。左手に見える履物（靴）店が海水浴客の駅売店がわりとなっていた。

古地図探訪
昭和40年／京成稲毛駅付近

稲毛の海岸は明治22（1889）年、千葉県で初めて海水浴場が開かれた場所である。また、「海気館」という海岸療養施設（旅館）でも知られた土地だった。この海気館は、京成稲毛駅の西側に鳥居マークの見える稲毛浅間神社（稲毛公園）の南、現在「きらくホテル」があるあたりに存在していた。国鉄（現・JR）稲毛駅の北東にあった千葉大学文理学部は移転したが、国際交流会館や稲毛寮などの施設は現在も残されている。

見所スポット

稲毛浅間神社
瓊瓊杵尊（ににぎのみこと）と猿田彦命を祀る神社で、大同3（8083）年に富士山本宮浅間神社から勧請、創建された。

稲毛海浜公園
プールやバーベキュー場を備えた海辺の公園であり、野球場や球技場、テニスコートなどのスポーツ施設も充実している。

稲毛ヨットハーバー
千葉市スポーツ振興財団が運営する施設で、クラブハウスには展望台、レストランもある。貸しヨットも利用できる。

しんちば・けいせいちば
新千葉・京成千葉

大正12年に開業した古い歴史の新千葉駅。
京成千葉駅は「国鉄千葉駅前」として開業。

新千葉

開業年	大正12(1923)年7月24日
所在地	千葉市中央区登戸2-10-15
キロ程	11.7km（京成津田沼起点）
駅構造	地上駅
ホーム	2面2線
乗降人員	1,591人

京成千葉

開業年	昭和42(1967)年12月1日
所在地	千葉市中央区新町250-3
キロ程	12.3km（京成津田沼起点）
駅構造	高架駅
ホーム	2面2線
乗降人員	26,619

提供：京成電鉄

新千葉駅（昭和30年代）
上り線側に設置されていた新千葉駅の小さな駅舎。お隣のたばこ店の商品ケース、上のパン広告看板と調和した昭和の風景である。

提供：京成電鉄

新千葉駅（昭和60年代）
西登戸側から見た光景。昭和57年に跨線橋が設置され歩行者専用の踏切を一つ廃止し、千葉方向にホームを延長した。

撮影：杉本行恭

京成千葉駅（平成26年）
新京成線の乗り入れにより千葉周辺から鎌ヶ谷、松戸方面に乗り換えなしで結ばれるようになった。なお、京成の車両は新京成線内に入らず片乗り入れ方式である。

　新千葉駅は大正12(1923)年7月の開業であり、隣の京成千葉駅が開業した昭和42(1967)年12月より、40年以上も早い。しかし、京成千葉駅も初代の「京成の千葉駅」ではない。さらに東にある現在の千葉中央駅が大正10(1921)年、千葉駅として開業し、昭和6(1931)年から京成千葉駅を名乗っていた。
　そのため、新千葉駅は長く国鉄（現・JR）駅との連絡する役割を果たしていたが、昭和42年に国鉄千葉駅前駅が開業したことで、その役割は少なくなる。昭和62(1987)年、国鉄千葉駅前駅が2代目の京成千葉駅に、初代の京成千葉駅が千葉中央駅に変わった。
　新千葉駅の南西には登渡（登戸）神社がある。ここは江戸時代、葛飾北斎が名作「富嶽三十六景」のひとつに登戸浦を描いた場所である。海中に鳥居が建ち、潮干狩りする人が見える図から、このあたりがかつて海岸線であり、江戸へ荷を運ぶ拠点であったことがわかる。
　一方、京成千葉駅はJR千葉駅の南側に位置し、千葉都市モノレール2号線を含めた連絡駅になっている。駅周辺は現在の千葉市の中心地となっている。

国鉄千葉駅前（現・京成千葉）駅（昭和47年）
撮影：山田虎雄
立体工事化が完成し国鉄千葉駅前駅が開設された。写真は当時運行されていた快速列車だが当駅には停車しなかった。

国鉄千葉駅前（現・京成千葉）駅（昭和44年）
撮影：山田虎雄
開業からまだ2年しか経っていない頃の国鉄千葉駅前駅。つまりここが繁華な現在の京成千葉駅である。左側にかろうじて国鉄の101系電車が見える。

京成千葉駅（昭和62年）
撮影：山田虎雄
国鉄解体とJRへの移行により、駅名が京成千葉に改称された頃の1枚。背後の113系電車も引退し209系が活躍している。

京成千葉駅（現在）
現在の京成千葉駅は、そごう千葉店と一体化した駅ビルの中にあり、JR千葉駅に連絡する改札口以外にも、そごう4階にも改札口がある。

古地図探訪
昭和40年／新千葉・京成千葉駅付近

千葉市の中心部にある2つの駅周辺の地図である。北側には千葉公園が広がっており、競輪場、忠霊塔などの施設が見える。現在は千葉市中央図書館、千葉県護国神社などが存在し、市民の憩いの場となっている。一方、この頃の道路は狭く、鉄道路線も複雑に交差、連絡している状態だった。その後、千葉街道（国道14号）にはバイパスができ、東金街道（国道126号）や東京湾岸道路（国道357号）が整備されたほか、千葉都市モノレールなどの新線も生まれている。

国鉄千葉駅前駅の看板（昭和47年）
撮影：山田虎雄
現在の駅名に変わる前、国鉄（現・JR）千葉駅の連絡駅として「国鉄千葉駅前」の名称だった頃の行き先表示板。

見所スポット

千葉神社
千葉氏の守護神、妙見菩薩を本尊とする寺院（千葉妙見宮）だったが、明治初年の神仏分離により神社となった。例祭は「だらだら祭り」として8月に開催。

千葉公園のSL
現在は新京成線に変わった旧鉄道第二連隊。その演習地だった千葉公園には、ゆかりの蒸気機関車「NUS55」が保存されている。

千葉公園
広さ16ヘクタールを誇る広大な公園。園内にはボート池、野球場、プール、体育館、お花見広場、ハス池など多様な施設がある。

ちばちゅうおう
千葉中央

千葉駅で開業、昭和62年に現駅名に。
千葉線の終点、平成10年に千原線開業。

開業年	大正10（1921）年7月17日
所在地	千葉市中央区本千葉町15-1
キロ程	12.9km（京成津田沼起点）
駅構造	高架駅
ホーム	2面2線
乗降人員	16,263人

京成千葉駅（昭和31年）
ボンネットバスが多数停車する向こう側に、戦災から復興した頃のままの京成千葉駅の駅舎がのぞく。

京成千葉駅（昭和32年）
路線バス（京成バス）を待つ大勢の人々がいる京成千葉駅の駅前風景。コート姿が目立つ冬の風景。

旧京成千葉（現・千葉中央）駅（昭和41年）
仮駅だった頃の京成千葉（現・千葉中央）駅で、島式ホーム1面2線の構造だった。右側では新駅の建設、高架化の工事が行われていた。

京成千葉（現・千葉中央）駅（昭和30年代）
移転後の昭和33(1958)年6月、京成千葉西口ビルが完成し、京成千葉（現・千葉中央）駅の駅舎も駅ビル内に移った。

　千葉中央駅は京成千葉線の終点駅として大正10(1921)年7月に開業した。当時の駅名は千葉駅であり、昭和6(1931)年に京成千葉駅となり開業時の場所から昭和33(1958)年現在地に移転し、昭和62(1987)年に現在の駅名となった。開業当時、国鉄（現・JR）総武本線のこの区間は電化されておらず、多くの通勤・通学客、観光客が京成線を利用していた。

　その後、平成4(1992)年に千葉急行電鉄が大森台まで開通させた。3年後にはちはら台駅まで延長された路線は平成10(1998)年に京成に譲渡され、千原線となっている。

　このあたりの京成千葉線と千原線はJR外房線に添うように南東に走っている。同線には、千葉中央駅にかなり近い本千葉駅があるが、千原線の隣駅である千葉寺駅とは2.5kmの距離がある。また、駅の北東には千葉都市モノレール1号線の県庁前駅がある。この駅と千葉みなと駅を結ぶ1号線は一部が平成7(1995)年に開業し、平成11(1999)年にこの県庁前駅まで延伸した。

京成千葉（現・千葉中央）駅（昭和61年頃）

まもなく千葉中央に駅名が改称される頃の風景。右側にバスターミナルがあり京成バスと小湊鉄道のバスが発着していた。
提供：京成電鉄

京成千葉駅（昭和32年）

築堤上にあったホーム。左手の建物は当時の千葉銀行本店である。現在この周辺は中央公園となり千葉都市モノレールの葭池公園駅から近い。
撮影：石本祐吉

千葉中央駅（現在）

京成グループの複合ビル「ミラマーレ」や映画館・店舗を併設する高架駅。新京成からの乗り入れは当駅まで。

千葉中央駅（昭和63年）

路線バス、タクシー、自家用車などでごった返す千葉中央駅の駅前風景。奥にはJR113系の快速電車が見える。
撮影：山田虎雄

旧京成千葉（現・千葉中央）駅（昭和33年）

昭和33（1958）年2月に現在の千葉中央駅近くに仮駅舎を設けたが、ホームへ行くには間に房総東線（現・外房線）の線路があったためやや不便な状況であった。
撮影：石本祐吉

見所スポット

千葉ポートタワー

千葉県の人口が500万人を超えたことを記念して、昭和61（1986）年、千葉ポートパークの園内に竣工した。

千葉都市モノレール

昭和63（1988）年に最初の路線（2号線）が開通し、千葉市民の新しい足となっている。懸垂式モノレールとしては世界最長の距離（15.2キロ）を誇る。

千葉県立美術館

千葉ゆかりの美術品を展示する施設として、昭和49（1974）年に開館した。明治を代表する洋画家、浅井忠の作品コレクションで知られる。

京成本線　押上線　金町線　千葉線・千原線　成田空港線

ちばでら・おおもりだい・がくえんまえ・おゆみの・ちはらだい

千葉寺・大森台・学園前・おゆみ野・ちはら台

第三セクター、千葉急行線がスタート。
平成7年全通、3年後に京成千原線に。

千葉寺	
開業年	平成4(1992)年4月1日
所在地	千葉市中央区千葉寺町912-1
キロ程	2.5km(千葉中央起点)
駅構造	高架駅
ホーム	1面1線
乗降人員	4,362人

大森台	
開業年	平成4(1992)年4月1日
所在地	千葉市中央区大森町463-3
キロ程	4.2km(千葉中央起点)
駅構造	地下駅
ホーム	2面2線
乗降人員	2,667人

学園前	
開業年	平成7(1995)年4月1日
所在地	千葉市緑区おゆみ野中央1-14-2
キロ程	7.3km(千葉中央起点)
駅構造	地上駅
ホーム	2面2線
乗降人員	4,865人

おゆみ野	
開業年	平成7(1995)年4月1日
所在地	千葉市緑区おゆみ野南3-27-1
キロ程	8.8km(千葉中央起点)
駅構造	高架駅
ホーム	1面1線
乗降人員	4,440人

ちはら台	
開業年	平成7(1995)年4月1日
所在地	市原市ちはら台西1-1
キロ程	10.9km(千葉中央起点)
駅構造	高架駅
ホーム	1面2線
乗降人員	5,112人

千葉寺駅(平成4年)
平成4(1992)年、千葉急行電鉄の駅として開業した千葉寺駅。この頃は駅周辺も開発途中で、各所で工事が行われていた。
撮影：石本祐吉

千葉寺駅(現在)
千葉寺駅は単式ホーム1面1線を有する高架駅であり、将来の複線化、ホーム延長も踏まえて、駅舎も長大な構造となっている。

大森台駅(現在)
開業当初は終着駅だった大森台駅は、相対式ホーム2面2線を有する地下駅で、かまぼこ型のドーム屋根のあるユニークな駅舎をもつ。

全線単線の千原線(現在)
千葉中央～ちはら台間の10.9kmが単線となっているものの、線路や駅のホームは複線化されることを想定した用地・施設が確保されている。

千葉寺、大森台の両駅は平成4(1992)年、千葉急行電鉄(現・京成千原線)の千葉中央～大森台間の開通時に開業している。このうち、大森台駅は終点駅だったが、平成7(1995)にちはら台駅までの延伸が実現し、途中駅に変わった。

千葉寺駅は駅付近にある真言宗豊山派の寺院、千葉寺の名称に由来する。この寺は和同2(709)年、行基による開基という古刹で、中世以来、地元の有力者、千葉氏の庇護を受けた。ここは大晦日に仮面をつけた人々が集まり、お互いに悪口を言い合う無礼講の風習「千葉笑い」で有名である。また、大森台駅は千葉市中央区大森町にあり、当初の名称には大森駅が予定されていた。

一方、学園前、おゆみ野、ちはら台の各駅は平成7年4月の開業である。このうち、学園前とおゆみ野の両駅は千葉市緑区、千原線終点のちはら台駅は市原市に位置している。

「学園前」の駅名は、この駅付近に明治大学のキャンパスの誘致が計画されていたことによる。しかし、この計画は白紙になり、現在は千葉明徳短期大学、千葉明徳高等学校の最寄り駅となっている。おゆみ野駅は緑区のニュータウン「おゆみ野」の南部にあり、この「おゆみ野」は本来、「生実野」と表記されてきた場所で、もとは「小弓」野で江戸時代には「生実」藩が存在していた。

ちはら台駅は、千葉市と市原市との境界にあるニュータウンの最寄り駅である。開業前の当初計画では「千原台駅」が予定されていたが、これは千葉、市原から「千」と「原」の一字ずつを取って名付けられ、ひらがな表記が採用されたものである。

学園前駅（平成7年）
遠くからでも駅の存在がわかる、ランドマーク的な構造をもつ学園前駅。とんがり屋根の橋上駅舎をもつ地上駅である。
撮影：石本祐吉

撮影：石本祐吉

おゆみ野駅（平成7年）
このおゆみ野駅は高架駅で、相対式ホーム2面2線をもつ構造となっているが、現在まで単式ホーム1面1線が使用されている。

撮影：石本祐吉

ちはら台駅に停車している千葉急行の車両（平成7年）
京成3050形が青い車体と白い帯に塗装変更され、千葉急行にリースされた。写真は押上行きが停車している2番線ホーム。

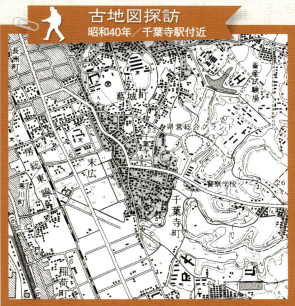

古地図探訪　昭和40年／千葉寺駅付近

千葉急行電鉄（現・京成千原線）の開通前であり、千葉寺駅も開業していない頃の地図である。また、国鉄（現・JR）線にも、京葉線は開業しておらず、房総東（現・外房）線のみが存在している。地図の中央を東に走るのは、大網街道（県道20号千葉大網線）で、現在はこの先に京葉道路が誕生している。大網街道の北側には、駅名の由来となった千葉寺があり、北東の「県営総合グランド、畜産試験場」は現在、千葉県立青葉の森公園、青葉の森スポーツプラザ、中央博物館などに変わっている。

見所スポット

撮影：石本祐吉

ちはら台駅（平成7年）
千原線の終着駅である、ちはら台駅。砂利が敷かれた上で線路が途切れており、現在もこの先の延伸は具体化していない。

千葉寺
行基が十一面観音を安置し、聖武天皇の命で「千葉寺」となった。樹齢1300年といわれる県指定天然記念物のイチョウがある。

県立青葉の森公園
農林水産省畜産試験場の跡地が、千葉県立の都市公園となっている。4つのゾーンに分かれてスポーツ、文化の諸施設が点在し、家族連れなども楽しめる。

東松戸・新鎌ヶ谷・千葉ニュータウン中央

ひがしまつど・しんかまがや・ちばにゅーたうんちゅうおう

高砂から成田スカイアクセス線で直通。
武蔵野線、新京成線、東武野田線と連絡。

東松戸

開業年	平成3(1991)年3月31日
所在地	松戸市東松戸2-158
キロ程	7.5km(京成高砂起点)
駅構造	高架駅
ホーム	2面4線
乗降人員	3,472人※

新鎌ヶ谷

開業年	平成3(1991)年3月31日
所在地	鎌ヶ谷市新鎌ヶ谷1-13-1
キロ程	12.7km(京成高砂起点)
駅構造	高架駅
ホーム	2面4線
乗降人員	4,137人※

千葉ニュータウン中央

開業年	昭和59(1984)年3月19日
所在地	印西市中央南1-1390-1
キロ程	23.8km(京成高砂起点)
駅構造	橋上駅
ホーム	1面2線
乗降人員	4,823人※

※アクセス特急の利用人員のみ

東松戸駅(現在)
平成3(1991)年、当時の北総開発鉄道の駅として開業した東松戸駅。京成成田空港(成田スカイアクセス)線の開通で、都心との接続がさらに便利になった。

新鎌ヶ谷駅の連絡改札口(現在)
北総鉄道・京成成田空港(成田スカイアクセス)線のほかに新京成電鉄、東武鉄道も乗り入れている新鎌ヶ谷駅。

新鎌ヶ谷駅(現在)
複数の鉄道路線が乗り入れる新鎌ヶ谷駅だが、駅前には広いスペースがあり、各線の連絡もスムーズに行われる構造になっている。

新鎌ヶ谷駅に進入する北総7260形(平成26年)
平成18年に京成3300形をリースし、改造を施し北総鉄道7260形として活躍した。京成3300形が引退後、後を追うように平成27年3月引退した。

撮影:杉崎行恭

　東松戸、新鎌ヶ谷、千葉ニュータウン中央の3駅は平成22(2010)年、京成成田空港(成田スカイアクセス)線の開業で、新たに京成電鉄と北総鉄道北総線の共同使用駅となった新駅である。

　北総鉄道の東松戸駅は平成3(1991)年の開業で、平成10(1998)年には交差するJR武蔵野線には同名の駅が誕生した。駅付近の地名はもともと「紙敷」だったが、平成24(2012)年に「東松戸」に改称されている。

　新鎌ヶ谷駅では北総線、京成成田空港線とともに、新京成線、東武野田線(東武アーバンパークライン)が連絡している。駅の歴史は平成3(1991)年に北総鉄道(当時は北総開発鉄道)の開業を皮切りに翌年、新京成電鉄、8年後に東武鉄道の駅がそれぞれ開設され現在大駅と発展した。

　千葉ニュータウン中央駅は昭和59(1984)年、北総鉄道(当時は北総開発鉄道)の駅として開業した。ここは住宅・都市整備公団(現・UR)により開発された千葉ニュータウンの中心部にあり、イオンモールなどの商業施設への玄関口となっている。

千葉ニュータウン中央駅（平成元年）
昭和59（1984）年に開業した頃の千葉ニュータウン中央駅。駅周辺はまだ未開発で、空き地が広がっていた。

千葉ニュータウン中央駅（現在）
開業から30年余りがたち、周辺には高層マンションが立ち並んで、ニュータウンの玄関口にふさわしい駅に変わった。

千葉ニュータウン中央付近の北総車両（昭和59年）
北総鉄道開業時（当時は北総開発鉄道）に投入された北総7000形。Σの形をした前面から「ゲンコツ電車」と呼ばれた。

千葉ニュータウン中央駅（昭和59年）
この千葉ニュータウン中央駅は島式ホーム1面2線をもつ地上駅で、橋上駅舎を有しており、イベント開催が実施できるほど構内は広い。

古地図探訪
昭和40年／千葉ニュータウン中央駅付近

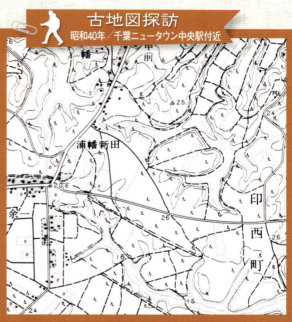

ほとんど白紙のような地図上に現在は千葉ニュータウンが生まれ、北総開発鉄道の千葉ニュータウン中央駅が誕生し、国道464号が通っている。また、千葉県道61号船橋印西線、189号千葉ニュータウン北環状線などが整備されている。千葉ニュータウン中央駅は印西町（市）と白井村（市）の境界付近にあり、印西側の浦幡新田付近には「浦幡新田公園」、白井側の十余一付近には「十余一公園」が生まれている。

見所スポット

鎌ヶ谷大仏
台座を含めても約2・3メートル、青銅製の小さな大仏である。安永5（1776）年、鎌ヶ谷に住む福田文右ェ門が建立した。

初富稲荷神社
鎌ヶ谷市内の初富本町にある。明治初期、このあたりを開発した旧幕臣の武士により、伏見稲荷大社より御分神を遷奉し、祀ったのが起源。

中沢貝塚
直径130メートルの馬蹄形をした千葉県内有数の貝塚。貝柄山公園西側の台地上にあり、住居跡などが多数発見されている。

いんばにほんいだい・なりたゆかわ

印旛日本医大・成田湯川

印旛日本医大駅の先に、スカイアクセス線開業。
成田湯川駅付近で、JR成田線と交差。

印旛日本医大	
開業年	平成12(2000)年7月22日
所在地	印西市若萩1-1
キロ程	32.3km(京成高砂起点)
駅構造	橋上駅
ホーム	1面2線
乗降人員	1,099人※

成田湯川	
開業年	平成22(2010)年7月17日
所在地	成田市松崎1620-1
キロ程	40.7km(京成高砂起点)
駅構造	高架駅
ホーム	2面2線
乗降人員	1,284人

※アクセス特急の利用人員のみ

印旛日本医大駅（現在）
平成12(2002)年に開業した印旛日本医大駅は、駅舎に展望台をもち、独特の外観から「関東の駅百選」にも選ばれている。

成田湯川駅（平成25年）
京成電鉄で一番新しい駅。相対式ホームの間に線路が4本並んでいる新幹線駅タイプの配線あり、他に民鉄では阪急六甲駅などがある。

撮影：石本祐吉

成田湯川駅（平成22年）
開業当日の成田湯川駅。成田空港線の開通、成田湯川駅の開業を祝い、地元の神輿、山車が繰り出している。

古地図探訪
昭和40年／成田湯川駅付近

下総松崎駅付近を真っ直ぐに南東に進んできた国鉄（現・JR）成田線が緩やかなS字カーブを形成する付近に、現在の京成成田空港線の成田湯川駅が置かれている。この当時の地図には、その線路も駅も存在せず、成田安食バイパス（千葉県道18号成田安食線）の道路も見えない。駅が誕生する付近には「小代」の地名が見えるが、現在の駅南西には「外小代公園」が誕生している。その西側には「松崎新田」が広がっている。

　印旛日本医大駅は平成12(2000)年7月、北総鉄道（当時は北総開発鉄道）の終着駅として開業した。平成22(2010)年、この駅から成田空港駅を結ぶ京成成田空港（成田スカイアクセス）線が開業し、両者の共同使用駅となっている。

　この駅は旧「印旛」村、現在の印西市に位置し、日本医科大学の千葉北総病院、看護専門学校があることから、駅名が成立している。また、当初は近隣の地名からとった「印旛松虫」の駅名も検討されていたという。

　成田湯川駅は平成22年7月、京成成田空港（成田スカイアクセス）線の駅として開業した。当初は「成田ニュータウン北」駅の名称が予定されていたが、地元になじみのある「湯川」が「成田」と合わせ採用に至った。この駅の東側をJR成田線（我孫子支線）が通っているが、京成の成田湯川駅と連絡する駅は開設されていない。

　一番近いJR駅は北西にある成田線の「下総松崎(まんざき)」駅で、明治34(1901)年に開業した成田鉄道時代からの古い歴史をもつ駅である。なお、この駅の所在地は成田市大竹だが、成田湯川駅の所在地は成田市松崎である。

成田湯川を通過するスカイライナー(現在)
時速160ｋｍで疾走する京成の看板列車のAE形。通勤時には本線経由のモーニングライナーやイブニングライナーにも使用される。

京急車両のアクセス特急(現在)
成田空港線の印旛日本医大～成田湯川間を走る京急600形。車体全体を青く塗装した「ブルースカイトレイン」も運用されている。

撮影：杉崎行恭

駒井野(こまいの)信号場(平成3年)
右側の直進線が東成田線から芝山鉄道方面であり旧本線であった。左側の線路は、この先、空港第２ビル駅、成田空港駅へと向かう。

撮影：石本祐吉

根古屋(ねこや)信号場(平成22年)
右側が京成線で成田湯川～空港第２ビル間の単線区間にある信号場。左側は軌間の違うJR成田線(空港支線)である。

撮影：石本祐吉

京成本線／押上線／金町線／千葉線・千原線／成田空港線

生田 誠（いくた まこと）

昭和32年生まれ。東京大学文学部美術史学専修課程修了。産経新聞東京本社文化部記者などを経て、現在は地域史・絵葉書研究家。絵葉書を中心とした収集・研究を行い、集英社、学研パブリッシング、河出書房新社、彩流社等から著書多数。

写真提供：安藤一男、石本佑吉、小川峯生、荻原二郎、杉﨑行恭、竹中泰彦、中村夙雄、長谷川明、矢崎康雄、山口正文、山田虎雄、
京成電鉄株式会社
絵葉書提供：柏木崇人、　特記以外は著者所蔵

中川橋梁の上を走る1号形電車。この当時の中川橋梁は単線だったが、赤レンガの橋脚は複線分の幅が用意されていた。

京成電鉄　街と駅の1世紀

発行日……………2015年5月1日　第1刷　※定価はカバーに表示してあります。

著者………………生田 誠
発行者……………佐藤英豪
発行所……………株式会社アルファベータブックス
　　　　　　　　〒102-0071　東京都千代田区富士見2-2-2　東京三和ビル405
　　　　　　　　http://ab-books.hondana.jp/
　　　　　　　　・本書内容についてのお問い合わせは、下記までお願いいたします。
　　　　　　　　【メール】henshuubu@photo-pub.co.jp　【TEL】03-5988-8951
編集協力…………株式会社フォト・パブリッシング
装丁・デザイン・DTP …古林茂春（STUDIO ESPACE）
印刷・製本………モリモト印刷株式会社

ISBN 978-4-86598-800-0 C0026
本書は日本出版著作権協会（JPCA）が委託管理する著作物です。
複写（コピー）・複製、その他著作物の利用については、事前にJPCA（電話 03-3812-9424、e-mail:info@jpca.jp.net）の許諾を得てください。なお、無断でのコピー・スキャン・デジタル化等の複製は著作権法上での例外を除き、著作権法違反となります。